고갱 타히티의 춤추는 여인들

고갱 타히티의 춤추는 여인들

수잔나 파르취·로즈마리 차허 글 | 노성두 옮김

다림

예술가들이 사는 마을 4

고갱 타히티의 춤추는 여인들

초판 1쇄 발행_ 2010년 9월 6일
초판 2쇄 발행_ 2012년 3월 2일

지은이_ 수잔나 파르취, 로즈마리 차허 | 옮긴이_ 노성두

기획·편집_ 김민영, 김윤정, 김남희 | 디자인_ 이이환 | 제작관리_ 김남원
마케팅_ 김남원, 곽은영, 차상준, 최혜정

펴낸곳_ 도서출판 다림 | 펴낸이_ 한혁수
등록_ 1997년 8월 1일(제1-2209호)
주소_ 152-780 서울시 구로구 구로동 191-7 에이스 8차 906호
전화_ (02)538-2913 | 팩스_ (02)563-7739
다림 카페_ cafe.daum.net/darimbooks

ISBN 978-89-6177-036-1 73600
ISBN 978-89-6177-030-9 (세트)

이 책 내용의 일부 또는 전부를 사용하려면 반드시 저작권자와 도서출판 다림의 서면 동의를 받아야 합니다.
책값은 뒤표지에 표시되어 있습니다.

Paradiesische Tänze Wie Gauguin & Co. das Wilde malten
by Susanna Partsch, Rosemarie Zacher
Originally published at Bloomsbury Kinderbücher & Jugendbücher ⓒ 2009 Berlin Verlag GmbH
Korean Translation Copyright ⓒ 2010 Darim Publishing Co.
The Korean edition is published by arrangement with Berlin Verlag GmbH through MOMO Agency, Seoul, Korea
All rights reserved.

이 책의 한국어판 저작권은 모모 에이전시를 통해 Berlin Verlag GmbH과 독점 계약한 도서출판 다림에 있습니다.
저작권법에 의해 한국 내에서 보호를 받는 저작물이므로 어떠한 형태로든 무단 전재와 무단 복제를 금합니다.

차례

잃어버린 천국을 찾아서	7
캔버스 위에서 벌이는 공연	23
잉카의 후예가 간다!	37
타히티 섬에서 온 고갱의 초대장	53
원시 부족에게 배운 춤	73
색채가 춤을 출 때	93
부록	107

1. 고갱의 발자취
2. 나와 함께 춤을 춰요
3. 미술관에 놀러 가요

1

잃어버린 천국을 찾아서

■ 수록 작품

에른스트 루트비히 키르히너 〈니그로 춤〉 1911년경, 캔버스에 유화, 151.5x120cm, 뒤셀도르프 노르트라인베스트팔렌 주립미술관 (10쪽)
폴 고갱 〈노란 그리스도가 있는 자화상〉 1890~1891년, 캔버스에 유화, 46x38cm, 파리 오르세 미술관 (14쪽)
폴 고갱 〈자화상〉 1885년, 캔버스에 유화, 54.3x65.2cm, 텍사스 킴벨 미술관 (19쪽)
카미유 피사로 〈꽃 핀 과수원, 루브시엔〉 1872년, 캔버스에 유화, 54.9x45.1cm, 워싱턴 국립미술관 (20쪽)

　그림 속에서 두 사람이 춤을 추고 있어. 서로 얼굴을 맞댄 채 얼싸안고 춤을 추는군. 음악에 맞추어 발을 쳐들고 어깨를 들썩거리며 추는 춤이야. 이런 춤은 두 사람이 서로 어우러져야 제격이지. 펄럭거리는 치맛자락 아래로 흰색 부츠와 초록색 부츠가 보이네. 다리가 마구 엉켜 있어서 어느 다리가 누구 것인지 분간이 안 가는군.

초록 드레스에 빨간 머리띠가 강렬해.

　이 그림은 제목이 〈니그로 춤〉이야. 1911년에 그렸으니까 벌써 100년이나 지난 작품이야. 그때는 흑인들을 '니그로'라고 불렀어. 니그로 춤? 흑인들이 추는 춤이라는 뜻일까? 그런데 춤추는 여자들의 피부가 흑인처럼 새까맣지는 않군. 무슨 영문일까? 두 사람이 무대에서 춤을 추고 있는 건 분명해. 그림 아래쪽에는 웬 남자가 두 팔을 들고 있네. 그래, 까만 정장을 입은 이 남자는 아마 밴드 지휘자일 거야. 이곳은 조그마한 무도장이고. 그림에는 연주자들이 잘 안 보이지만 분명 떠들썩한 밴드 음악이 흘러나오고 있을 거야. 춤추는 여자들은 음악에 맞추어서 몸을 놀리고 있고.

　춤 실력을 보니 선수들이 틀림없어. 두 다리가 꺾이는 각도만 보아도 알 수 있지. 엉킨 다리들의 주인을 찾아볼까? 초록색 드레스에 빨간 머리띠를 한 긴 머리 아가씨가 흰색 부츠의 주인공이군. 한쪽 발로, 그것도 발끝으로 용케 서 있네. 흰색 치마에 초록색 부츠를 신은 짧은 머리 아가씨와 짝이로군. 몸을 뒤로 젖히려고 하는 긴 머리 아가씨의 허리를 짧은 머리 아가씨가 붙들고 있어. 손을 꼭 잡고 있으니 뒤로 넘어지는 일은 없겠지.

원시 종족의 예술 니그로 춤은 어떤 춤일까? 화가는 왜 이런 엉뚱한 제목을 붙였을까? 〈니그로 춤〉을 그린 화가는 에른스트 루트비히 키르히너(Ernst Ludwig Kirchner 1880~1938)야. 오래전에 세상을 떠났으니 화가를 불러다가 왜 이런 제목을 붙였냐고 물어볼 순 없겠지. 그렇지만 무슨 대답이 나올지 짐작은 할 수 있어.

키르히너가 활동하던 시대는 화가들이 위기의식을 가지고 있던 시기였어. 바로 사진 때문이야. 사진이 발명되고 사진 제조 기술이 빠르게 발전하면서 화가들의 인기가 시들해졌거든. 화가가 아무리 잘 그려도 붓이 렌즈를 따라갈 순 없었지. 독일, 이탈리아, 프랑스의 화가들은 모두 깊은 고민에 빠졌어. 전통 미술에 매달려서는 도저히 해답을 찾을 수 없었어. 화가 키르히너는 고민 끝에 원시 미술로 눈을 돌렸어. 원시 미술은 멀리 아프리카와 남태평양 그리고 동남아시아의 섬 지역에 조금씩 남아 있었어. 건강하고 때 묻지 않은 원시 종족의 조형은 키르히너의 가슴에 불을 붙였지.

원시 종족은 문명과 멀리 떨어져 있는 종족이야. 증기 기관이 무엇인지, 화약과 대포를 어디에 사용하는지는 당연히 모르고 기독교에 대해서도 깜깜했지. 한마디로 유럽 세계와 동떨어진 별세상에서 살았는데, 유럽 사람들은 이런 원시 종족을 무지하고 미개하다고 생각했어.

그러나 모든 유럽 사람들이 그런 편견을 가지고 있었던 건 아니야. 원시 종족의 단순한 삶과 순수한 영혼을 배워야 한다는 사람들도 있었어. 오히려 원시 종족이 유럽 사람들보다 더 큰 축복을 누리고 있을지도 모른다고 생각한 거지. 일 년 내내 찬란한 태양이 빛나고 자연이 베풀어 준 풍성한 선물이 가득한 열대의 벌거벗은 삶이야말로 평화롭고 행복한 천국의 생활처럼 보였던 거야.

그뿐이 아니야. 아프리카와 남태평양 그리고 동남아시아의 밀림에서도 그곳만의 예술 세계를 가지고 있었어. 나무로 깎은 목각 인형, 가면, 도기의 기괴하면서도 참신한 형태는 고전 미술과 전통 문명에 젖어 있던 유럽 사람들에게 충격 그 자체였지.

음악도 마찬가지였어. 자연 재료를 가지고 만든 북과 여러 타악기 소리는 원초적인 생명의 고동 소리처럼 들렸어. 우스운 이야기 하나 해 줄까? 북아메리카의 흑인들도 고유의 음악을 가지고 있었어. 그들은 오래전 아프리카에서 끌려와서 수백 년 동안 미국 등지에서 노예 생활을 했던 흑인들이야. 그런데 유럽 사람들은 이들의 음악도 원시적인 토속 음악이라고 생각했어. 지금 생각하면 앞뒤가 안 맞지만, 100년 전에는 이것저것 따질 것 없이 귀에 익숙하지 않으면 무조건 '원시적'이라는 딱지를 붙였어. 처음에는 북아메리카의 흑인들을 니그로라고 불렀는데, 알몸이 햇볕에 타서 피부색이 검게 된 거라고 생각했대. 그 다음에는 아프리카, 아메리카 할 것 없이 흑인들은 모두 니그로라고 불렀어.

화가 키르히너도 원시 미술에 일찌감치 눈뜬 사람 가운데 하나야. 19세기 북유럽에서는 민속학 박물관을 세우는 게 유행이었어. 그래서 북아메리카 흑인들의 공예품이나 음악에 대한 지식을 손쉽게 얻을 수 있었지. 키르히너는 흑인들의 음악과 춤이 마음에 쏙 들었나 봐. 흑인들의 춤은 마구잡이처럼 보이지만 생명의 기쁨과 순수한 감정을 자유롭고 솔직하게 표현하는 춤이었거든. 유럽 궁정의 연회실에서 귀족 남녀들이 정장을 갖추어 입고 추는 격식 있는 사교춤과는 달랐어. 유럽의 사교춤은 손을 내미는 순서나 발의 움직임 따위가 아주 엄격해서 규칙에 맞추어 자동인형처럼 움직여야 해. 제멋대로 무릎을 구부리거나 아무 때나 짝의 허리를 돌렸다간 교양이라곤 쥐뿔도 모르는 불한당 취급을 받기 일쑤였지.

키르히너는 화가 동아리 친구들이 여럿 있었어. 생각도 비슷하고 마음이 잘 맞는 친구들이었지. 동아리의 이름이 '다리파'였는데, 다리파 화가들은 따분하고 고리타분한 유럽 문명보다 원시 종족의 생기 넘치는 춤과 음악에 관심이 많았대. 다리파 화가들은 주로 독일 출신이었어. 그러나 프랑스, 이탈리아, 러시아에도 같은 생각을 가진 화가들이 있었지. 이들은 정복과 전쟁을 일삼는 유럽에 더 이상 기대할 것이 없다고 보고, 바다 건너 평화와 풍요로 가득한 천국이 있을 거라는 아득한 꿈을 품고 있었어.

그중 키르히너보다 조금 앞서서 자신이 그리던 천국을 찾아 남태평양의 섬에 은둔한 프랑스 화가가 있었어. 바로 폴 고갱(Paul Gauguin 1848~1903)이야.

고갱의 자화상

〈준비물〉
전기스탠드, 종이 상자, 접착제, 모래, 물감 등

키르히너와 고갱은 모두 잃어버린 천국에 대한 꿈을 포기하지 않았어. 세상 어딘가 순결한 땅이 있을 거라는 확신에 차 있었지. 다툼도 분쟁도 없는 외딴섬이 분명히 있다고 말이야.

우리도 화가들처럼 천국의 섬을 꿈꿀 자격이 있어. 숙제도, 심부름도, 잔소리도 없는 천국은 도대체 어디에 있는 걸까? 내친 김에 전기스탠드를 이용해서 천국의 섬을 하나 만들어 보는 건 어떨까? 근사하게 만들어서 침대맡에 놓아두면 짜증나는 오만 가지 근심 걱정일랑 저 멀리 안드로메다로 날려 보낼 수 있을 거야.

섬을 만들려면 우선 슈퍼마켓에 가서 단단한 종이 상자를 하나 얻어 와야 해. 상자를 뒤집어서 바다와 모래사장을 꾸밀 거야. 세상에서 하나밖에 없는 나만의 섬을 어떻게 꾸미면 좋을지 상상해 봐.

바닷가 모래사장은 진짜 모래를 쓰는 게 좋겠어. 놀이터에서 한 움큼 컵에 담아 오면 간단히 해결! 철물점에서 파는 접착제를 섞어 주면 모래가 상자 바닥에 단단히 붙을 거야. 모래가 뭉치지 않게 고루 펴 주는 게 중요해. 상자 한쪽은 파도를 만들어야 하니까 비워 둬. 종이에 물감으로 파란 바다와 하얀 파도를 그려서 붙이면 끝!

해변의 야자수 잎은 잡지를 오리거나 비닐을 활용하면 그럴듯할 거야. 신문지를 둥글게 말아서 세우고 종이테이프나 가는 철사로 단단히 감아 주면 야자수가 돼. 초록색과 고

전기스탠드 아래 멋진 섬이 생겼어.

동색으로 야자수 잎과 줄기를 칠하고 말린 뒤에 접착제로 바닥에 붙이는 거야. 야자수가 여러 그루라면 그물 침대를 걸어 두어도 괜찮아. 그물 침대의 재료는 양파 망이나 오렌지 망이 제격이야. 어항에 들어 있던 조그마한 자갈이나 조개 껍질, 이끼를 꺼내서 바닷가를 장식하면 더 실감나겠지. 물건들을 마음에 들 때까지 요리조리 놓아 보고 이거다 싶을 때 접착제로 붙이면 돼.

  이제 천국의 섬이 완성되었어. 아참, 가장 중요한 원주민이 빠졌군. 천국의 섬을 무인도로 버려둘 순 없지. 아무리 아름답고 평화로워도 사람이 없으면 심심한 천국이 될 테니까. 나무토막이나 나무젓가락 같은 걸로 사람 몸통과 팔다리를 만들고 알록달록한 리본을 잘라서 옷을 입혀 봐. 또 털실을 가지런히 잘라 붙이면 머리카락으로 안성맞춤이지. 잠자리로 쓸 오두막집이 필요하다고? 점점 살림살이가 늘어나는군. 아예 서핑 보드까지 하나 장만하는 건 어때? 이제 완성이야. 오늘 밤은 좋은 꿈을 꾸렴.

내가 꿈꾸는 천국의 섬

폴 고갱 고갱은 무척 특이한 삶을 살았어. 그 당시에는 좀처럼 찾아보기 힘든 삶이었지.

유럽과 남아메리카 사이가 대서양이다.

고갱은 1848년 6월 7일 파리에서 태어났어. 이 시기에 프랑스의 수도 파리는 정치적으로 큰 변화를 겪어서 심하게 몸살을 앓고 있었어. 정치부 기자였던 고갱의 아버지 클로비스는 정치적인 입장이 다르다는 이유로 온갖 괴롭힘을 받았어. 그래서 고갱이 태어나고 한 달 만에 실업자가 되어 버렸어. 감시와 체포를 당할 위협에 시달리던 클로비스는 아내 알린, 세 살 먹은 딸 마리 그리고 고갱을 데리고 페루로 가는 배에 올랐어. 페루는 남아메리카에 있는 나라야. 당시 프랑스에서 페루까지는 꼬박 넉 달이 걸렸어. 갓난아기였던 고갱은 멀미에 무척 시달렸을 거야.

그런데 배를 타고 가던 중에 아버지 클로비스는 숨을 거두고 말았어. 엄마 알린은 아빠 없이 두 아이를 책임져야 했지. 페루의 수도 리마에는 알린의 친척 두 분이 살고 있었다고 해. 그렇지만 한 번도 만난 적이 없는 데다 고갱 가족이 프랑스를 떠나 페루로 간다는 사실도 알리지 않았기 때문에 이들의 도착 소식을 까맣게 모르고 있었지. 불행 중 다행으로 리마에 사는 친척은 살림이 넉넉해서 고갱 가족을 거두고 살 곳도 마련해 주었어. 고갱은 훗날 고달팠던 이 여행에 대해 이야기할 때마다 그래도 그때가 가장 행복했다고 말했어. 그 당시에는 갓난아기였으면서 말이야. 심지어 자기는 프랑스 사람이 아니고 페루의 원주민인 잉카의 후예라고 떠벌리기도 했지. 고갱의 엉뚱한 주장이 사실과 어긋나 있다고 해도 페루가 고갱의 어린 영혼을 사로잡았던 건 분명해.

그러나 페루도 안정된 나라는 아니었어. 시위와 봉기가 일어나고 불안한 나날이 계속되었지. 알린은 가족을 이끌고 프랑스로 돌아가기로 결심했어. 고갱 가족에게는 페루에서 산 5년도 만만치 않았지만 조국 프랑스로 돌아가는 길도 순탄치 않았을 거야. 이때가 고갱이 여섯 살이 되던 해였지.

프랑스로 돌아온 고갱 가족은 일단 오를레앙에 정착했다가 파리로 왔어. 고갱은 학교를 다니다가 머리가 굵어지자 선원이 되어서 배를 타게 되었지. 남아메리카로 가는 선박에 오른 거야. 그러다 항해를 떠난 지 13개월쯤 지났을 무렵 고갱에게 슬픈 소식이 날아들었어. 엄마가 돌아가셨다는 내용이었지.

고갱의 자화상

고갱은 스물세 살에 은행에 취직했어. 은행에서 일을 하는 틈틈이 그림을 그리기 시작한 것도 이 무렵이야. 당시 파리에서는 젊은 화가들이 인상파 기법으로 그림을 그려서 미술계가 들썩일 때였어. 고갱도 인상파를 흉내 내어 그림을 그렸지.

1872년에 고갱은 덴마크 코펜하겐 출신의 젊고 건강한 여인 메테를 만나 사랑에 빠졌어. 두 사람은 곧바로 결혼해서 9년 동안 아이를 다섯 명이나 낳았대. 고갱이 은행에서 받는 월급이 꽤 많았기 때문에 풍족한 생활을 하는 데 아무 문제가 없었어. 여유 시간에 그림을 그리거나 인상파 친구들과 어울리는 게 고갱이 일상 생활에서 벗어날 수 있는 유일한 방법이었지.

은행원이라는 직업을 가지고 취미 삼아 그림을 그리는 고갱을 예술가로 인정해 주는 사람은 거의 없었어. 그러나 고갱은 가죽 의자에 앉아서 고객에게 돈을 빌려 주는 골치 아픈 업무보다 붓을 들고 상상력을 일깨우며 그림을 그리는 게 훨씬 행복했어.

오랜 망설임 끝에 고갱은 잘나가던 직장에 사표를 던지고 화가의 길

인상파 화가 카미유 피사로(1830~1903)의 그림이야. 피사로는 고갱의 절친한 친구였어.

을 가기로 결심했지. 저축해 둔 돈이 꽤 되니까 그림만 그려서 팔아도 충분히 살 수 있겠다 싶었던 거야. 하지만 곶감 빼먹듯 꺼내 쓰던 돈은 금세 바닥이 나고, 당장 생활비가 없어서 쩔쩔매는 처지가 되었어. 무능력한 남편에게 지칠 대로 지친 메테는 아이들을 데리고 덴마크의 코펜하겐으로 떠나고 말았어.

100년 전에는 지금과 다르게 대부분 남자가 생활비를 벌었어. 여자가 생계를 꾸린다는 건 아주 드문 일이었지. 메테는 남편더러 은행에 다시 취직해서 돈을 벌고 좋아하는 그림은 일요일에 실컷 그리라고 귀에 못이 박히게 말했지만 쇠귀에 경 읽기였어. 고갱도 한 고집했거든. 가족을 따라서 함께 코펜하겐에 갔던 고갱은 결국 혼자 파리로 돌아오고 말았지.

2

캔버스 위에서 벌이는 공연

■ 수록 작품
폴 고갱 〈수다를 떠는 브르타뉴 여자들〉 1886년, 캔버스에 유화, 91.4x71.8cm, 뮌헨 노이에 피나코테크 (26쪽)
폴 고갱 〈춤추는 브르타뉴 소녀들〉 1888년, 캔버스에 유화, 92.7x73cm, 워싱턴 국립미술관 (28쪽)
쥘 브르통 〈춤추는 사람들〉 1875년, 캔버스에 유화, 195x112cm, 런던 소더비 미술자료실 (30쪽)
에드가 드가 〈초록색 무용수〉 1877~1879년, 파스텔과 과슈, 36x64cm, 마드리드 티센보르네미사 미술관 (32쪽)
에드가 드가 〈라 파랑돌〉 1878~1879년, 비단에 과슈, 금, 은, 61x30.7cm, 스위스 개인 소장 (33쪽)
폴 고갱 〈무용수 부조를 새긴 상자〉 1881~1884년?, 배나무, 철, 가죽, 네쓰케 상감 기법, 높이 32cm, 우노 발만 컬렉션 (34쪽)
폴 고갱 〈부채 그림〉 1886~1887년, 연필 도안에 수채 물감과 과슈 (35쪽)

브르타뉴의 여자들 고갱한테 코펜하겐에서 보낸 반년은 생각도 하기 싫은 나날이었어. 파리로 돌아오자 비로소 숨통이 트이는 것 같았지. 하지만 파리에서 화가로 성공하려 했던 고갱의 야심찬 계획은 틀어지기 시작했어. 전에는 굉장해 보이던 인상파 미술이 이제는 심드렁해진 거야. 그동안 인상파 화가들은 자연의 한 토막, 섬광처럼 스쳐 가는 순간을 포착하는 데 온 힘을 쏟았어. 그러나 고갱이 그리고 싶은 건 조금 다른 거였어. 그게 무언지 아직 확실하진 않았지만 말이야. 그리고 싶은 걸 완전하게 표현할 능력이 아직은 부족했거든.

파리에서 1년 동안 길을 찾지 못하고 방황하던 고갱은 브르타뉴로 발길을 옮겼어. 브르타뉴는 프랑스 북서쪽에 있는 해안 지방이야. 엄연히 프랑스의 일부였지만 사투리가 엄청 심하고 고유의 생활 방식과 풍속을 가진 독특한 지방이었어. 브르타뉴의 퐁타방이 고갱의 목적지였어. 그곳에는 이미 향토적인 브르타뉴의 매력에 푹 빠진 예술가들이 자리를 잡고 있었어. 고갱은 곧 그들과 친한 사이가 되지. 대도시 파리에서는 항상 돈에 찌들었지만 그곳에서는 큰돈이 없어도 그림을 맘껏 그릴 수 있어서 고갱의 마음에 쏙 들었어.

브르타뉴에서 고갱은 무엇보다도 중요한 걸 얻었어. 자신의 길을 찾은 거야. 색의 가치를 발견하게 된 거지. 색을 통해서 이야기를 풀어 나가는 방식에 눈을 뜬 고갱은 첫 작품으로 브르타뉴의 여자들을 소재로 그림을 그렸어.

그림 속의 여자들이 머리에 쓴 흰색 고깔은 브르타뉴 민속 의상 중에 하나야. 처녀, 아줌마 할 것 없이 여자들은 누구나 쓰고 다녔지. 그

다들 너무 심각하군.

림 제목은 〈수다를 떠는 브르타뉴 여자들〉로 정했어. 둥글게 떼 지어서 수다에 정신이 팔린 여자들을 그린 그림이야.

그런데 그림을 자세히 보면 수다를 떠는 여자는 하나도 안 보여. 제각기 옷매무새를 매만지거나 신발을 신고 있어. 다들 고개도 숙이고 있잖아. 맨 왼쪽 여자는 팔을 불쑥 내밀면서 옆 사람에게 말을 거는 것 같아. 가운데 여자는 두 팔을 허리에 얹고 있네. 그림 한가운데서 우리한테 등을 돌리고 있는 여자 말이야. 오른쪽 여자는 한쪽 발을 치켜들고 신발을 신고 있고, 맨 뒤쪽 그러니까 그림 위쪽에 머리가 불쑥 나온 여자는 뭔가 골똘하게 생각하고 있는 표정이야. 그래서 수다를 떨고 있다는 그림 제목은 어쩐지 어울리지 않아.

수다와는 상관없이 이 그림은 무척 밝고 상쾌한 느낌을 주는 것 같아. 그건 아마 색의 구성 때문일 거야. 흰색 고깔하며, 빨간색과 초록색 앞치마 그리고 연두색 잔디와 푸근한 대지의 색이 그림에 광채를 더해 주거든. 어때? 색들이 언어를 가지고 수다를 떠는 것 같지 않아?

28쪽에 있는 가보트 춤을 추는 브르타뉴 소녀들 그림은 고갱의 또 다른 작품이야. 가보트 춤은 브르타뉴 지방의 민속춤이야. 원래는 왕궁이나 귀족의 궁정에서 추던 사교춤이었는데, 나중에는 농가에서도 누구나 즐길 수 있게 되었대. 꼬마 숙녀들이 발에 나막신 신은 거 보이지? 가보트 춤을 출 때에는 깡충깡충 뛰면서 춤을 춰도 나막신이 벗겨지지 않아야 한대. 그리고 주름치마가 펄럭거리지 않고 얌전하게 늘어져야 된다는 거야.

춤만 가지고 보면 따분하지만 고갱은 색채를 이용해서 그림에 활기

가보트 춤은 동작이 아주 느리다는 게 특징이야.

를 불어넣는 데 성공했어. 비법을 살펴볼까? 꼬마 숙녀들은 검은색 드레스를 입고 있어. 이게 바로 색채 마술의 첫걸음이야. 짙은 옷 색깔 덕분에 흰색 고깔이 더욱 두드러지고 또 가슴에 꽂은 빨간 꽃이 잘 드러나지. 게다가 풀밭은 밝은 노랑으로 칠해 두었어. 느릿느릿한 가보트 춤을 추는 꼬마 숙녀들의 몸동작이 밝은색 배경 덕분에 잘 살아나고 있지.

꼬마 숙녀들은 서로 손을 맞잡고 있어. 커다랗게 원을 만들어 바깥으로 넓히려나 본데, 표정들이 꽤 진지하군. 다리와 팔의 자세도 단순하게 표현했어. 고갱은 등장인물들의 표정이나 팔다리의 움직임에 기대지 않고 오직 색채를 통해서 그림에 생명을 불어넣고 싶었대. 그러고 보니 꼬마 숙녀들의 자세가 어쩐지 뻣뻣한 것 같기도 해. 잘 살펴보면 고갱은 10쪽에서 본 독일 화가 키르히너의 〈니그로 춤〉과 똑같은 방식으로 색을 구성했다는 걸 알 수 있어.

이제 쥘 브르통(Jules Breton 1827~1906)이 그린 〈춤추는 사람들〉과 고갱의 그림을 비교해 보기로 해(30쪽). 이 그림에서는 '요한의 불' 주위를 에워싼 여자들이 손을 맞잡고 맨발로 빙빙 돌며 춤을 추고 있어. 1875년의 작품이지.

매년 6월 24일은 가톨릭교회에서 정한 성 세례자 요한의 축일이야. 유럽의 많은 도시에서는 이날 밤 '요한의 불'을 밝히지. 초승달이 흐릿하게 비치는 밤이야. 뒤쪽에 교회의 뾰족한 첨탑이 보이는군. 사람들은 조금 전에 교회에서 미사를 드리고 앞쪽 들판으로 나왔어. 들판에는 모닥불을 피워 두었지. 춤추는 여인들의 즐거운 웃음소리, 펄럭

성 세례자 요한의 축일에는 야외에 모닥불을 피우고 동그랗게 모여 빙빙 돌면서 춤을 추는 전통이 있다.

이는 치맛자락, 둥글게 원을 그리며 뜀박질을 하는 여인들의 싱그러운 다리 움직임을 쥘 브르통은 실감나게 표현하고 있어. 고갱의 꼬마 숙녀들과는 영 딴판이지.

무용수와 부채 그림 춤추는 소녀를 그림 소재로 삼았던 화가가 한 명 더 있어. 에드가 드가(Edgar Degas 1834~1917)는 발레 공연을 준비하는 무용수와 연습실의 무용수를 많이 그린 화가야. 고갱도 드가의 작품을 보고 늘 감탄했지. 드가는 부유한 귀족들과 어울려 다니면서 극장 뒤쪽의 무용수 대기실이나 연습장을 무시로 드나들었어. 무용수들의 움직임을 관찰하는 게 첫 번째 목적이었지.

드가가 그린 〈초록색 무용수〉를 보면(32쪽) 발레리나들의 팔과 다리의 움직임을 포착하는 게 결코 쉽지 않았다는 걸 알 수 있어. 무용수 세 명 가운데 머리와 팔다리가 온전히 보이는 건 한 사람뿐이야. 다른 무용수들은 팔이나 다리만 불쑥 튀어나와 있어서 마치 초록색 솜사탕에 나무젓가락을 꽂아 놓은 것처럼 보여. 발레복의 레이스가 둥글게 부푼 걸 보니 회전 동작을 하고 있는 모양이군. 아마도 한쪽 다리를 들어올리는 아라베스크나 애티튜드 동작이겠지.

흥미로운 건 드가가 여간해서 보기 힘든 과감한 각도를 골라서 그렸다는 거야. 화면이 잘렸기 때문에 주인공을 빼고 다른 무용수들은 몸의 일부분만 볼 수 있어. 이런 기법은 순간 동작을 재빨리 카메라에 담는 스냅숏*을 방불케 하지. 가장자리를 과감하게 끊어 내는 화면 구성

*스냅숏
상대방이나 주위에서 알지 못하도록 순간적으로 촬영하는 것으로, 자연스런 표정이나 동작을 잡을 수 있는 사진.

드가가 그린 무용수 그림

드가의 부채 그림에는 주로 춤추는 무용수들이 등장한다.

은 사진과 같은 효과를 냈어. 물론 드가의 붓이 카메라의 셔터처럼 빨랐다는 건 아니야.

100년 전에는 무도회나 연회 그리고 극장에 드나드는 귀부인들은 반드시 부채를 하나씩 들고 다녔어. 꼭 더위를 식히기 위해서라기보다 살랑살랑 우아한 부채질이 유행이었던 거지. 부채가 귀부인의 필수품이 되면서 장식을 붙이거나 그림을 그린 호사스런 부채가 인기를 끌었어. 부채 그림 전문 화가가 따로 생겨났을 정도였대.

드가는 전문적으로 부채 그림을 그리는 화가는 아니었지만 부채에 붙일 수 있는 그림을 여러 점 그렸어. 특히 극장의 무용수를 잘 그렸다고 해. 위에 부채 그림은 드가가 그린 〈라 파랑돌〉이야. '파랑돌'은 프랑스 프로방스 지방의 민속춤을 가리키는 말이지.

귀부인들이 가지고 다니던 부채는 반원 꼴이었어. 그래서 둥그런 형태 속에 구성을 맞추어야 했지. 게다가 부채의 아랫부분도 반원 모양으로 잘라 내야 했어. 부채를 접으면 아랫부분이 구겨지기 때문이야.

드가의 부채 그림을 보면, 위쪽은 풍경으로 채우고 아래쪽은 발레

고갱이 만든 상자는 너무 작아서 무용수의 모습까지 정확하게 알아보긴 힘들어.

* 부조
돋을새김. 조각에서 평평한 면에 글자나 그림 따위를 도드라지게 새기는 일.

무대를 그렸어. 풍경은 무대 배경일 거야. 무용수가 꽤 많이 등장하는 공연이었나 봐. 왼쪽에 흰 의상에다 왕관을 쓰고 팔을 뻗고 있는 무용수가 주인공이겠지. 파란 의상을 입은 다른 무용수들은 일제히 다른 방향으로 달려가고 있어. 무슨 내용일까? 안타깝게도 〈라 파랑돌〉이라는 제목 외엔 부채 그림에 대해 아무런 설명이 없어. 줄거리를 조금 더 알려 주었더라면 훨씬 흥미진진했을 텐데.

고갱은 드가 그림을 보고 무척 감탄했대. 특히 무용수 그림을 좋아했다고 해. 고갱이 1880년대에 나무를 깎아서 만든 상자를 보면 알 수 있어. 10여 년 전에 그린 드가의 부채 그림에 등장하는 무용수를 베껴서 상자 바깥에 부조*를 새겼어. 드가 그림의 소재를 본보기로 삼은 거지.

한편, 상자 뒤쪽 경첩에는 기쁨의 여신이 웃고 있는 형상을 만들었어. 상자를 열면 안쪽 바닥에 누워 있는 어린아이 모양도 새겨 두었지. 아이는 잠을 자고 있는 것 같아. 고갱은 이처럼 사랑스러운 나무 상자를 어디에 쓰려고 만든 걸까? 아내인 메테한테 선물하려고 그랬을지도 몰라. 메테는 상자를 반짇고리로 썼거나 그 안에 보석 같은 걸 보관했을 거야.

드가만 부채 그림을 그린 건 아니야. 고갱도 몇 점 도전해 보았지.

34

이 그림은 고갱의 부채 그림이야. 여자 세 명이 나무 아래 앉아 있는 풍경이야. 하얀색 고깔을 쓴 걸 보니 브르타뉴의 아낙네들이군. 춤추는 소녀들 그림처럼(28쪽) 등장인물들이 등을 돌리고 있네.

고갱이 그린 부채 그림

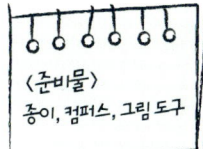

요즘은 부채를 들고 다니는 사람을 보기 힘들어. 여기저기에 에어컨이 있어서 찬바람이 씽씽 나오니까. 그럼 부채 그림 대신에 시디(CD) 라벨* 디자인에 도전해 보는 건 어떨까? 시디는 도넛처럼 둥글고 가운데 동그란 구멍이 나 있으니까 구멍을 고려해서 구성을 짜는 게 중요해.

일단 두 가지 방법이 있어. 새 시디 라벨을 사서 그 위에 그림을 그리는 거야. 그런데 시디 라벨은 여러 개가 든 묶음으로만 파니까 비싸겠지. 힘닿는 데까지 잔뜩 만들어서 본격적으로 사업을 벌이려면 수백 장 구입해도 괜찮겠지

*라벨
종이나 천에 상표나 품명 따위를 인쇄하여 상품에 붙여 놓은 조각.

만, 낭비를 하지 않으려면 집에 있는 걸 재활용하거나 직접 가위를 드는 게 상책이야.

직접 만들 때에는 종이 한 장이면 충분해. 흰 종이든 색종이든 상관없어. 종이를 바닥에 깔고 시디를 올려놓은 다음에 가장자리와 안쪽 구멍에 연필을 대고 원을 그리는 거야. 그 다음에는 중심점에 컴퍼스를 대고 미리 그어 둔 원보다 5밀리미터 작게 다시 원을 그려. 그리고 가운데에 그린 작은 원보다 5밀리미터 더 넓혀서 또 한 번 원을 그리는 거야. 시디보다 라벨이 작아야 하기 때문이라는건 벌써 눈치챘겠지? 만약 시디보다 더 크게 만들면 어떻게 되냐고? 시디플레이어 말아드실 일 있나 보군.

이제 라벨에 그림을 그릴 차례야. 아무 그림이나 그리는 건 별로야. 시디에 어떤 음악이 들어 있는지를 잘 생각해야 해. 춤곡과 태교 음악의 시디를 똑같이 꾸밀 순 없잖아? 고갱처럼 드가를 흉내 내 볼까? 백조처럼 우아한 발레 무용수는 아니지만 짧은 치마를 펄럭이면서 신 나게 몸을 흔드는 플라멩코 무용수는 어때?

라벨 그림을 잘 말린 다음에 시디에 붙이면 완성이야. 라벨을 시디에 붙일 때는 스프레이식 접착제를 권하고 싶어. 그게 최고거든.

시디 라벨 그림

3

잉카의 후예가 간다!

■ 수록 작품

폴 고갱 〈아타후알파〉 1887~1888년, 세라믹, 높이 23cm, 개인 소장 (40쪽)
〈얼굴 컵〉 페루의 모치카 문화, 채색 토기, 100 v. Chr.–600 n. Chr., 뮌헨 민속학 박물관 (41쪽)
폴 고갱 〈자화상 물병〉 1889년, 유약을 칠한 자기, 높이 19.5cm, 코펜하겐 데트 단스케 미술공예박물관 (41쪽)
폴 고갱 〈설교 후의 환상(천사와 씨름하는 야곱)〉 1888년, 캔버스에 유화, 92x73cm, 에든버러 스코틀랜드 국립미술관 (47쪽)
가쓰시카 호쿠사이 〈씨름꾼들〉 1816년, 호쿠사이 그림집 제3권 6쪽에 실린 스케치, 시카고 아트 인스티튜트, 마틴 라이어슨 콜렉션, 2577 (48쪽)

향수 고갱이 춤추는 소녀들을 그린 건 두 번째로 브르타뉴에 머물 때였어. 그리고 그보다 앞서 파나마와 마르티니크 섬에 다녀왔지. 파나마는 우리와 지구 반대편인 남아메리카에 있고, 마르티니크는 프랑스령으로 카리브 해에 있는 섬이야. 카리브 해는 또 어디냐고? 중앙아메리카와 남아메리카 사이 대서양에 속한 바다를 카리브 해라고 해.

아메리카 대륙을 발견한 건 역사적으로 큰 사건이었어. 유럽 사람들은 아메리카를 정복할 대상으로 여겼어. 남아메리카에서는 스페인과 포르투갈이 서로 영토를 차지하려고 경쟁했고, 북아메리카에서는 영국, 프랑스, 네덜란드가 서로 넓은 땅을 차지하려고 다투었지.

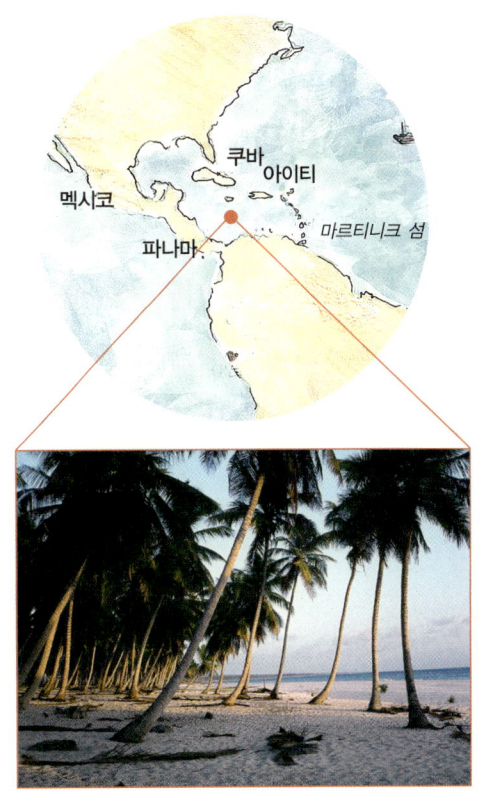

카리브 해의 해안 풍경

유럽 사람들의 정복 야욕은 아메리카에 머물지 않았어. 아프리카, 인도, 호주, 남태평양 제도의 원시림까지 총과 대포를 앞세우고 쳐들어갔지. 원주민들은 속수무책으로 당했어. 그들에게는 아무런 권리도 보장되지 않았어. 종교는 무조건 기독교로 바꾸고 정복한 나라의 언어로 말하고 노예로 살라고 강요당했어. 말을 듣지 않거나 저항했다가는 곧바로 처형되었지. 유럽 사람들은 오랫동안 자신의 땅을 지켜 왔던 원주민을 인간이 아닌 미개인이나 원시인으로 여겼던 거야.

고갱이 세웠던 계획은 이랬어. 우선 파나마에 가서 돈을 잔뜩 버는 거야. 그리고 그 돈을 가지고 파리에서 궁핍하게 살았던 삶과 영영 작별하고 마르티니크 섬에 가서 떵떵거리며 살려고 했지. 그러나 고갱은 애당초 부자가 될 운명이 아니었나 봐. 가난에서 벗어나지도 못한 데다 건강까지 안 좋아져서 형편이 도무지 말이 아니었어. 더군다나 함께 간 친구까지 같이 앓아눕는 바람에 프랑스를 떠나면서 품었던 장밋빛 꿈은 물거품이 되었지. 결국 1887년 4월 다시 귀국길에 오르는 신세가 되고 말았어.

 파리로 돌아온 고갱은 도자기 굽는 일에 매달렸어. 주로 파나마와 마르티니크 섬에서 봤던 것들을 소재로 삼았지. 그런데 고갱은 한술 더 떠서 자기가 페루의 원주민 출신으로 잉카의 후예라고 떠들어 댔어. 어린 시절을 페루에서 보냈다고 말이야. 친구들은 어리둥절했지만 믿지 않을 이유도 없었어. 그러던 차에 고갱이 기괴하기 짝이 없는 도자기를 만들기 시작했어.

잉카 제국 지배자의 이름을 붙인 술잔

왼쪽 사진 속 술잔은 잉카 제국의 지배자 이름을 딴 〈아타후알파〉라는 이름을 가지고 있어. 잔의 주둥이를 벌어진 입 모양으로 표현했는데, 사진으로는 분명하게 알아볼 순 없지만 입 위에는 눈과 귀도 붙어 있어. 목과 가슴이 받침이고 팔은 양쪽으로 벌려서 번쩍 쳐들고 있지. 이 술잔을 두고 〈아타후알파〉라는 이름을 붙인 건 고갱이 아니라 다른 사람이었대. 고갱이 잉카의 후예라는 말을 정말로 믿은 사람이었나 봐.

오른쪽 아래 사진은 고갱이 자기 얼굴 모양으로 만든 술잔이야. 일종의 자화상인 셈이지. 이번에는 머리 뚜껑이 벗겨져서 술잔 주둥이가 되었군. 뒤통수에 손잡이가 달려 있어서 그런대로 쓸모가 있을 것 같아. 눈, 코, 입, 귀, 이마, 수염까지 천생 빼다 박았네. 고갱의 머리에 술을 담아서 마시면 어떤 기분일까? 화가의 영혼을 벌컥벌컥 들이켜는 기분일까?

사실 사람 머리를 본떠서 만든 술잔, 주발, 그릇, 항아리 같은 건 페루나 카리브 해의 섬에서 흔히 볼 수 있는 것들이야. 고갱도 지겹게 보았겠지. 고갱의 어머니는 페루의 옛 도기를 상당히 많이 모았다고 해. 그걸 고갱에게 물려주었는데 잘 간수를 못 해서 다 없어지고 말았대. 그래도 고갱이 만든 도자기가 적어도 잉카의 전통적인 소재였다는 건 틀림없는 사실이야.

2000년 전 제작한 잉카 술잔

고갱의 얼굴 모양 술잔

41

〈준비물〉
도자기 만들 때 쓰는 흙 (고령토) 또는 찰흙, 플라스틱컵, 칼

사랑 쏙쏙 가족 컵 만들기

우리도 고갱처럼 그리고 잉카의 후예처럼, 얼굴 모양의 컵을 만들어 보자. 내 얼굴뿐 아니라 동생, 누나, 엄마, 아빠까지 온 가족 얼굴을 하나씩 만들어도 좋겠지. 아침에 엄마 얼굴 모양의 컵에다 우유 한 잔 따라서 마신다고 생각해 봐. 저녁에는 아빠 컵에다 막걸리 한 잔 따라 드리고, 누나 컵은 오렌지 주스 전용으로 쓰는 거야.

가마와 물레를 찾아라!

집에 혹시 도예 작업을 할 수 있는 시설이 있어? 가마와 물레 같은 거 말이야. 있으면 금상첨화겠지만, 없다고 해서 비난받을 일은 아니지. 취미 생활에 목숨을 걸 수는 없으니까. 일가친척, 친구, 선생님, 인터넷 동호회까지 물어봐도 그런 시설이 없다고 하면 집 근처에 있는 도예 공방을 찾아가는 수밖에. 요즘에는 도자기 체험 행사를 하는 곳도 많아.

그렇다고 기죽을 건 없어. 중요한 건 머릿속에 숨어 있는 번뜩이는 생각이니까. 우리는 어떻게든 얼굴 모양의 컵을 만들면 되는 거야. 얼굴 모양의 컵을 만들고 손잡이만 붙이면 되니까 어려운 작업은 아닐 거야. 그렇지만 조심해서 붙여야 해. 가마에 넣고 굽는 도중에 손잡이가 떨어진다면 볼썽사나울 테니까. 무독성 유약*을 바르는 것도 중요해. 그래야 컵으로 쓸 수 있지.

굳이 컵이 싫은 사람은 플라스틱 컵에다 사람 얼굴을 그려서 연필꽂이로 써도 돼. 만약에 도자기 만들 재료가 없거나 너무 바빠서 체험 행사장에도 갈 수 없으면, 간단하게 찰흙으로 만들어 보는 것도 괜찮아. 그늘에 잘 말려서 장식해 놔도 뿌듯할걸.

* 유약
도자기의 몸에 바르는 약. 도자기에 액체나 기체가 스며들지 못하게 하며 광택이 나게 한다.

조물조물 흙 반죽, 오물조물 눈 코 입

도자기를 제대로 구우려면 흙을 잘 다져야 해. 그리고 칼국수 반죽 미는 방망이로 흙덩이를 납작하게 펴는 거야.

이제 플라스틱 컵을 이용해 볼까? 플라스틱 컵 바깥에 흙 반죽 옷을 입힌 다음, 흙 반죽의 표면을 오물조물 주물러서 이만하면 괜찮다 싶을 때까지 눈, 코, 입, 귀의 모양을 만들어 봐. 그러고 나서 칼을 가지고 얼굴 모양의 반대편쪽 반죽을 세로 방향으로 매끈하게 자르고 안쪽에 들어 있는 플라스틱 컵을 빼내야 해. 그러고는 갈라진 부분을 다시 붙이는 거야. 기왕 칼을 든 김에 눈, 코, 입, 귀에서 우툴두툴 지저분한 부분을 제거하면서 마무리하는 것도 좋겠지.

얼굴 컵이 항상 웃는 표정일 필요는 없어. 찡그린 얼굴, 주름진 표정, 방울처럼 눈을 동그랗게 뜬 표정…… 창의력을 맘껏 발휘해 봐.

그래, 손잡이를 빼먹었군. 손잡이는 흙 반죽을 조금 떼다가 손바닥으로 굴려서 뱀처럼 길게 뽑아야 해. 그리고 적당한 길이로 잘라서 컵 뒤쪽에 붙이는 거야.

나만의 사랑 쏙쏙 가족 컵 완성!

얼굴 모양과 손잡이를 다 만들었으면 컵을 말릴 차례야. 흙 반죽이 머금고 있는 수분을 없애는 거지. 수분이 줄어들면 컵의 크기는 조금씩 작아져. 건조한 할머니 피부가 쭈글쭈글한 것과 같은 원리야. 너무 급하게 말리면 컵의 표면이 갈라지기도 하니까 조심

물감으로 색을 칠해도 좋겠지?

찰흙으로 빚은 얼굴 컵

해야 해. 갈라지면 음료수 컵으로 사용할 수 없거든. 발바닥 각질을 없애는 도구로나 쓸 수 있을까? 갈라지지 않게 그늘에서 잘 말려 줘.

다 말랐다고 해서 바로 사용할 수 있는 건 아니야. 물을 부으면 컵에 수분이 다시 스며들거든. 그러니까 말린 꽃이나 막대 과자는 꽂을 수 있어도 우유나 주스는 곤란하다는 뜻이야. 꼭 음료수 컵으로 사용하려면 얼굴 컵 안에다 컵을 하나 더 끼워서 사용하는 방법도 있어. 아까 처음에 썼던 플라스틱 컵은 아마 안 들어갈 거야. 흙 반죽이 마르면서 컵의 크기가 줄어들었을 테니까. 일회용 종이컵 정도가 적당하겠지.

유약을 컵 안팎으로 고루 바르고 나서 가마에 넣고 구워서 만들면 그대로 쓸 수 있어. 색깔을 넣어서 칠해도 되고, 무색 유약으로 흙 자체의 색감을 살려도 괜찮아.

도자기 축제를 찾아가자!

컵을 만들어서 가마에 굽고 싶은 사람들을 위해서 체험 장소를 소개할까 해. 해마다 도자기 축제를 하는 곳 중에서 몇 곳을 알려 줄게.

●이천 도자기 축제

해마다 경기도 이천시 설봉공원에서 열리는 축제야. 도자기를 전시하고 판매하기도 하고, 도자기 만들기 체험도 마련되어 있어. 또 다양한 민속놀이도

즐길 수 있어.

http://www.ceramic.or.kr/ 전화: 013) 644-2944

● 여주 도자기 축제

해마다 경기도 여주군에서 주최하는 도자기 축제야. 다양한 공연과 함께 우리 고유의 도자기를 소개하고, 나만의 도자 인형 만들기, 도자기 만들기 체험 등 다양한 체험이 준비되어 있어.

http://www.ceramicexpo.org/ 전화: 031) 887-2282~4

● 광주 왕실 도자기 축제

경기도 광주에서 열리는 왕실 도자기 축제야. 전통 국악과 마당극도 관람할 수 있고, 장작 가마 불 지피기, 도자기 굽기 체험, 물레 체험 등 여러 가지 체험을 할 수 있대.

http://www.goodceramic.or.kr/ 전화: 031) 760-2104~6

● 울산 세계 옹기 문화 엑스포

우리나라 전통 그릇인 옹기를 세계에 널리 알리고 더욱 발전시키기 위해 울산광역시에서 주최하는 축제야. 옹기를 과학적으로 분석하고 옹기와 발효 음식의 관계에 대해 설명해 놓은 전시관도 있어. 옹기 문화 체험, 손 물레로 컵이나 화분 등을 만드는 체험도 할 수 있어.

http://www.onggiexpo.com/ 전화: 052) 257-8830

씨름과 춤 고갱은 〈아타후알파〉 술잔을 만든 다음에 다시 브르타뉴에 정착했어. 이 시기에는 춤추는 소녀들이 고갱 그림의 가장 중요한 주제가 되었어. 그렇게 몇 점인가를 그리고 나서, 고갱은 야곱과 씨름하는 천사를 주제로 그림을 그리기 시작했지. 그림 제목을 〈설교 후의 환상〉이라고 붙였어. 오른쪽 그림이야.

그림 앞쪽에는 머리에 흰 고깔을 쓴 브르타뉴 여인들이 있군. 이젠 뒷모습만 봐도 척 알겠어. 빨간 양탄자를 깔아 놓은 것 같은 붉은 마당에서 날개 달린 천사와 야곱이 서로를 밀치면서 씨름을 하고 있어. 두 손을 모으고 기도를 하는 브르타뉴 여인들은 구경꾼처럼 둥그렇게 늘어서 있고, 그 사이로 허리가 굵은 나무 한 그루가 비스듬히 서 있지. 조그마한 암소 한 마리도 기웃거리는군.

천사와 지금 씨름을 하고 있는 야곱은 『성경』의 구약성서에 나오는 중요한 인물이야. 어느 날 밤이었지. 천사가 나타나서 야곱에게 싸움을 걸었어. 서로 끙끙대며 맞대결을 펼쳤지만, 천사는 끝내 야곱을 이길 수 없었다고 해. 승리한 야곱은 천사더러 자기에게 복을 빌어 주지 않으면 놓아주지 않겠다고 했지. 결국 천사는 야곱에게 복을 주고 나서야 떠날 수 있었대. 야곱은 그 후 이스라엘이라는 이름으로 불렸는데, '하느님의 전사'라는 뜻이야. 천사와 겨룬 야곱 이야기는 아마도 무슨 설교의 주제였나 봐. 그림 속에서 브르타뉴 여인들은 주일날 설교를 들으며 눈을 꼭 감은 채 구약성서의 한 장면을 떠올리고 있어.

이 그림에서 고갱은 색을 이용해서 구성을 짜는 자신의 기법을 더욱 분명하게 드러냈어. 브르타뉴 여인들의 흰색 고깔과 검은색 웃옷, 빨

〈설교 후의 환상〉은 천사와 야곱의 씨름이라는 구약성서의 주제를 다룬 작품이야.

간색 마당과 초록 나뭇잎, 천사의 노란 날개와 검은색 옷 등은 서로 강렬한 색채 대비를 이루고 있어. 화면을 가로지르는 나무는 현실과 상상 또는 이쪽과 저쪽의 경계를 가르는 장치라고 볼 수 있지.

바로 그런 이유 때문에 그림에 등장하는 브르타뉴 여인들은 모두 눈을 감고 있는 거야. 천사와 야곱의 대결이 실제로 눈앞에서 벌어지고 있는 게 아니라, 상상 속에서 벌어지는 풍경이라는 거지.

천사와 야곱이 씨름하는 모습은 어디에서 왔을까? 고갱은 일본 미술을 보고 따라 했다고 해. 남아메리카 민속 문화를 흉내 내서 얼굴 모양의 컵을 만들었던 것처럼 말이야.

일본 화가 호쿠사이가 그린 스모 선수들

왼쪽 그림은 일본 화가 가쓰시카 호쿠사이(Katsushika Hokusai 1760~1849)의 그림이야. 엄밀히 따지자면 스케치라고 불러야 맞겠지. 호쿠사이는 일본의 씨름이라 할 수 있는 스모에서 서로 힘을 겨루는 스모 선수들의 다양한 동작과 기술들을 관찰하고 그렸어. 고갱도 호쿠사이가 그린 이 스케치를 보았어. 천사와 야곱의 씨름 장면을 그리는 데 도움이 될 거라고 생각했겠지.

일본 화가들의 그림은 주로 판화를 통해서 유럽에 전해졌대. 판화는 많이 찍어 내니까 값이 비싸지 않은 데다 가볍고 포장 재료로 쓰기에도 좋거든.

판화 제작 방식은 이래. 우선 스케치를 하고 그걸 바탕 그림으로 목판에 옮겨 그리는 거야. 그리고 날카로운 칼로 먹이 닿지 않게 할 부분을 파내면 그림의 윤곽선이 자연스럽게 튀어나오지. 이제 목판 위에 롤러로 색을 바르고 종이를 붙여서 잘 문지른 다음에 살살 떼어 내면 판화가 한 점 완성되는 거야. 목판의 튀어나온 부위가 뭉그러져서 떨어질 때까지 필요한 만큼 수백 장씩 찍어 낼 수 있으니 목판화는 꽤 경제적인 미술 상품인 셈이지.

씨름꾼들뿐 아니라 벚꽃, 후지산, 거센 풍랑, 시장 풍경, 우산을 든 여자 등 일본 판화의 소재는 그야말로 무궁무진해서 유럽 화가들의 입맛을 단박에 사로잡았다고 해.

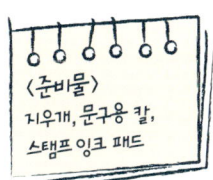

목판화의 원리를 이해하는 좋은 방법이 있어. 지우개 도장을 만들어서 찍는 거야. 지우개는 재질이 부드러워서 나무판보다 다루기가 쉬워. 나무판이나 고무판은 날카로운 칼로 힘을 줘서 파내야 하는데, 잘못해서 칼을 삐끗하면 손을 다치기 십상이지. 조각칼은 아주 섬세한 작업을 할 때 쓰는 거니까 엄청 날카롭거든. 살짝만 긁혀도 상처가 생기니까 서투른 초보자에게는 여간 위험한 게 아니야. 그래서 우리는 나무판 대신 넓적한 지우개로, 조각칼 대신 문구용 칼로 작업을 하는 게 좋겠어. 간단하긴 해도 이치를 깨치는 게 목적이니까 말이야.

우선 무엇을 찍어 낼지 생각해야 해. 지우개 도장으로 찍고 싶은 걸 미리 도안으로 그려야겠지. 그림에서 색을 칠하고 싶은 부분이 튀어나와야 잉크를 묻힐 수 있어. 칼로 파낸 부분에는 잉크가 닿지 않으니까 여백으로 남겠지.

그리고 중요한 사실 하나 더! 판화도 그렇지만 지우개 도장도 찍어 낸 그림은 원래 그린 그림하고 좌우가 바뀐다는 거, 꼭 명심해.

우리는 돼지를 지우개 도장의 그림으로 결정했어. 살이 통통하게 찐 복돼지야. 돼지 주변의 여백과 내부 윤곽선을 칼로 파냈어. 그리고 선생님이 도장 찍어 줄 때 쓰시는 스탬프 잉크 패드를 살짝 묻혀서 종이에 찍어 보았어. 멋지지 않아? 편지 봉투, 휴지, 선물용 포장지 같은 데다 내가 만든 복돼지 도장을 찍어서 보내는 거야. 내 방의 책꽂이에 꽂혀 있는 책에다 "이건 내 책이야"라는 표식으로 찍어도 근사할 거야.

내가 만든 지우개 도장

우정 〈설교 후의 환상〉(47쪽)을 완성하고 나서 고갱은 화가로서의 자부심도 충천했어. 앞서 춤추는 브르타뉴 소녀들(28쪽)을 그릴 때도 그랬지만, 색채를 가지고 내적 감정을 표현하는 일에 자신이 생겼거든.

하지만 고갱의 자신감과는 달리 시장의 반응은 시큰둥했어. 그림을 사려던 사람들이 고갱의 그림을 보곤 고개를 절레절레 흔들었지. 당연히 작품은 전혀 팔리지 않았어.

인상파 화가들의 처지도 대개 비슷했어. 너무한다 싶을 정도로 안 팔렸지. 그러나 첫 번째 인상파 전시회 후 15년 동안 냉담하기만 했던 미술 시장의 반응은 조금씩 좋아지기 시작했어. 그렇다고 고갱의 처지까지 나아진 건 아니었어. 심지어 고갱과 가까이 지내던 인상파 화가들조차 고갱의 그림은 인정하지 않는 분위기였대. 진보적인 젊은 화가들조차 고갱의 실험적인 예술 세계를 납득하지 못했던 거야.

고갱 말고도 파리의 화가들 사이에서 외면당하는 또 한 명의 외톨이가 있었어. 인상파 화가들과 어울리긴 했어도 예술성이 부족하다고 따돌림 당하던 고독한 늑대는 바로 빈센트 반 고흐(Vincent van Gogh 1853~1890)야. 현대 미술 시장에서는 고흐의 작품이 엄청난 가격으로 거래되지만, 100년 전만 해도 작품을 이해하는 사람이 없어서 고흐는 입에 거미줄을 치고 살았대.

고갱과 고흐는 비슷한 처지를 서로 알아주면서 가까운 친구가 되었어. 프랑스 남부에 있는 아를에서 잠시 함께 지내기도 했지. 공동 작업실을 차려서 같이 그림을 그리고 토론도 하면서 말이야. 그러나 워낙 성격이 강한 천재들이어서 그랬는지 금세 헤어지고 각자의 길을 갔다

남태평양의 섬

고 해. 고갱은 아를을 떠나 파리에 잠시 왔다가 곧 브르타뉴로 발길을 옮겼어.

한편, 고흐는 고갱과 헤어진 뒤에 몸과 마음이 부쩍 허약해져서 병원을 들락거리다 곧 세상을 떠났어. 고갱과 이별한 게 무척 상처가 되었던 모양이야. 고갱도 고흐의 사망 소식을 전해 듣고 마음이 많이 아팠을 거야. 고갱이 모든 걸 털어 내고 멀리 남태평양 한복판에 있는 타히티 섬으로 떠난 건 그즈음이었어.

4

타히티 섬에서 온 고갱의 초대장

■ 수록 작품

테베 네바문의 묘역에서 발굴된 〈제17왕조 시대의 이집트 벽화〉 런던 영국박물관 (58쪽)
폴 고갱 〈타 마테테(오늘은 장이 안 선다)〉 1892년, 캔버스에 유화, 92x73cm, 스위스 바젤 미술관 (59쪽)
드가 〈휴식을 취하는 무용수〉 1881~1885년, 판지를 덧댄 종이 위에 파스텔, 58.4x49.8cm, 미국 보스턴 미술관 (60쪽)
폴 고갱 〈파투루마(근심이 있는 여자)〉 1891년, 캔버스에 유화, 68x91cm, 미국 우스터 미술관 (61쪽)
폴 고갱 〈우파우파(모닥불 춤)〉 1891년, 캔버스에 유화, 92.3x72.6cm, 예루살렘 이스라엘 박물관 (63쪽)
빈센트 반 고흐 〈실편백나무가 있는 밀밭 풍경〉 1889년, 캔버스에 유화, 91.5x72.5cm, 런던 국립미술관 (65쪽)
폴 고갱 〈히나〉 통나무 재료, 높이 37cm, 워싱턴 허시혼 박물관 (68쪽)
폴 고갱 〈마하나 노 아투아(여신의 날)〉 1894년, 캔버스에 유화, 91.5x68.3cm, 시카고 아트 인스티튜트 (69쪽)
폴 고갱 〈노아 노아〉 1894년, 목판화, 20.4x35.7cm, 뮌헨 개인 소장 (71쪽)

여행 준비 타히티는 남태평양 한복판에 있는 섬이야. 프랑스의 지구 반대편에 있지만 마르티니크 섬처럼 프랑스령이야. 남태평양의 드넓은 바다 위에는 약 130여 개의 섬이 흩어져 있어.

당시 대부분의 섬에는 프랑스에서 파견한 선교사들이 자리 잡고 있었어. 하늘과 바다밖에 보이지 않는 광활한 바다 위에 점점이 박힌 섬들에서 오래전부터 살고 있던 원주민들을 가톨릭 신부나 개신교 목사들이 지배하며 이런저런 계몽 활동에 벌이고 있었지. 가령 "사람은 옷을 벗고 다니면 안 된다", "주일에는 반드시 예배에 참석해야 한다"라는 식으로 말이야.

고갱은 타히티 섬에서도 돈은 벌어야겠다고 생각했어. 천국이라도 돈 없인 굶을 수밖에 없으니까. 그래서 프랑스 정부에다 타히티 섬 지형과 풍경을 그리는 작업을 하겠다고 요청했어. 그래도 타히티 섬까지 가는 뱃삯은 준비해야 했지. 친구들이 주선한 경매에서 그림을 몇 점 판 덕에 넉넉하다곤 할 수 없지만 그럭저럭 여행 경비를 마련할 수 있었어.

프랑스를 떠나기 전에 마지막으로 할 일이 남아 있었지. 코펜하겐에 사는 가족과 만나는 일이었어. 고갱은 자신의 마지막 꿈을 실현하기 위해 가족과 이별하는 슬픔을 견뎌야 했어. 이제 타히티 섬으로 가면 사랑하는 아내와 아이들은 영영 볼 수 없게 될 거야.

남태평양의 천국을 찾아서

타히티 섬에 가면 가난하지만 욕심 없이 살 수 있을까? 고갱의 상상은 빗나갔어. 가난은 어디에서나 그를 불편하게 했어.

결국 병이 들어서 몸이 쇠약해지자 고갱은 2년 만에 다시 프랑스로 돌아왔지. 타히티 섬에서 그린 그림을 잔뜩 들고 말이야. 그러나 파리 화가들의 벽은 여전히 높았어. 타히티 섬의 아름다운 풍경과 원주민 처녀들을 그린 이색적인 작품들을 아무도 거들떠보지 않았던 거야. 게다가 삼촌한테 유산을 약간 물려받았는데, 그마저도 도둑맞고 말았어. 이래저래 실의에 빠진 고갱은 1895년 다시 타히티 섬으로 가는 배에 몸을 실었어. 자신의 예술적 가치를 몰라주는 프랑스가 지긋지긋해졌던 거야.

타히티 섬에 가서도 한곳에 지긋이 머물지 못하고 이곳저곳을 떠돌이처럼 옮겨 다녔어. 건강은 좋아질 줄 모르고 여전히 시원치 않은 상태였어. 그렇게 7년을 버티다가 타히티 섬보다 더 먼 마르키즈 제도에 있는 히바오아 섬(55쪽 지도)까지 흘러들어 갔는데, 거기에 오두막을 짓고 아무것도 가진 것 없이 빈털터리로 살다가 죽고 말았어. 그리고 그곳에 묻혔지. 병을 치료했다면 건강을 회복했을지 모르지만, 가난과 절망이 그의 고단한 몸과 영혼에 치유의 기회를 빼앗아 간 거였어.

그런데 이상하게도 고갱이 죽고 나니까 프랑스 미술계는 그의 작품에 하나둘씩 열광하기 시작했어. 죽은 다음에야 인정받는 불운한 천재의 비극인 셈이지. 젊은 화가들은 신비롭고 매력적인 고갱의 색채에 푹 빠져들었어.

고갱이 타히티 섬과 히바오아 섬에서 보낸 세월을 다 합하면 무려 10년이야. 대부분의 대표작들이 이 시기에 완성되었어. 남국의 풍경, 그곳의 오두막집과 사람들, 그리고 그들이 사는 이야기들을 고갱은 특유의 색감으로 펼쳐 보였지. 그림 제목도 모두 타히티 섬 말로 붙였어. 하지만 타히티 섬 말에 익숙한 편이 아니어서, 조금씩 어설픈 구석이 있어. 무슨 뜻인지 모호한 경우도 있고, 제목하고 그림이 딴판이거나 앞뒤가 안 맞는 경우도 다반사야.

제목은 타히티 섬 사람들의 말을 빌려서 붙였지만, 타히티 섬의 전통 미술 기법은 따르지 않았어. 고갱은 어디까지나 스스로 발견하고 개척한 자신만의 기법으로 그림을 그렸고, 그것이 후대의 미술을 움직이게 한 거야.

숨은 그림들 오른쪽의 〈타 마테테〉라는 작품을 살펴볼까? 이 제목은 대개 '시장' 또는 '장날'이라고 번역되지만, '오늘은 장이 안 선다'라고 옮기기도 해. 희한한 건 두 개의 제목이 완전 반대의 뜻이라는 거야. 그렇지만 그림을 자세히 관찰하면 '오늘은 장이 안 선다'로 옮기는 게 맞는다는 걸 알 수 있지.

녹색 의자에 타히티 섬 여인 다섯 명이 나란히 앉아 있어. 자세히 보면 팔 동작과 손의 자세가 특이해. 오른쪽에 노란 옷을 입은 사람과 빨간 옷을 입은 사람은 서로 마주보고 대화를 나누고 있어. 다른 여인들은 서로 모르는 사이 같아. 뒤쪽으로는 굵은 나무들이 몇 그루 서 있는데, 시장이라기보다는 공원 같은 분위기야. 나무 옆에는 남자 인부 둘이서 짐을 나르고 있군. 그리고 화면 오른쪽 귀퉁이에 서 있는 여자가 고개를 돌려서 사람들을 바라보고 있어.

타히티 섬 여인들은 왜 여기에 앉아 있는 걸까? 시장은 안 섰지만 이곳에서 만나기로 한 걸까? 그건 그렇고, 로봇처럼 특이한 손동작과 팔의 자세는 뭐람? 이건 고갱이 사람들을 보이는 그대로 그린 게 아니고, 이집트 미술에 등장하는 여인들의 모습을 따라서 그린 거래. 고갱은 기원전에 그려진 이집트 벽화 사진을 한 장 가지고 있었는데, 거기 나오는 등장인물들이 바로 이런 자세를 취하고 있지. 그렇지만 풍경, 사람,

이집트 벽화에서 인물을 표현하는 방식

고갱이 그린 타히티 섬의 여인들

드가가 그린
〈휴식을 취하는 무용수〉

색채는 모두 타히티 섬의 것들이야. 다만 이집트 조형을 빌려와서 독창적인 조합을 이루어 낸 거지.

고갱은 이집트 미술 말고도 다양한 작품들의 영향을 받았어. 오른쪽 그림은 〈근심이 있는 여자〉라는 제목의 작품이야. 주인공은 방바닥에 털썩 주저앉아서 턱을 괴고 눈썹을 찌푸리고 있어. 자세가 드가의 그림 가운데 〈휴식을 취하는 무용수〉와 꼭 닮았어. 근데 무슨 근심이 있는 걸까?

뒤쪽에 트인 문을 통해서 뜰이 보여. 개 한 마리가 문을 지키고 있고, 누군가 말을 타고 찾아왔네. 잠깐 다투었던 남자 친구가 사과하러 온 걸까? 여자 주인공은 뒤도 돌아보지 않고 작은 그릇에 담긴 생선만 바라보고 있어. 생선에서 김이 모락모락 피어나는군. 후식으로 먹을 열대 과일 두 개, 그리고 빨간 띠를 두른 외출용 모자가 귀퉁이에 보이네. 그게 다야. 가구도 하나 없고 방 안은 텅 비었어.

그림을 지배하는 건 색채로 채워진 커다란 면들이야. 거대한 노랑, 초록, 보라가 서로 어깨를 겨루면서 화면을 채우고 있어. 색면의 충돌이 그림에 고요하면서도 생기 넘치는 긴장을 불어넣고 있어.

고갱이 그린 그림에는 다소곳하고 얌전한 사람들이 많이 나와. 그렇

고갱이 그린 〈근심이 있는 여자〉

지만 〈우파우파〉처럼 시끌벅적하고 요란한 그림도 있어. '우파우파'는 타히티 섬 춤을 가리키는 말이야.

색채의 관점으로 그림을 읽어 보자. 화면은 밝은 부분과 어두운 부분 둘로 나뉘어 있어. 밤의 어둠과 모닥불의 빛이 주인공인 셈이야. 모닥불이 붉게 치솟아 오르면서 대지까지 붉은색으로 물들이고 있어. 일렁이는 불길의 움직임에 맞추어 사람들은 발을 구르고 춤을 추지. 불길 앞에서 몸을 흔드는 두 여인은 검은색과 흰색으로 표현했어. 한 사람은 불과 마주보고, 다른 사람은 불을 등지고 있어서야.

그림 중앙을 가로지르는 나무의 오른쪽은 어둠의 영역이야. 나무는 시커멓지만 불빛을 받아서 가장자리에 노란 윤곽선을 두르고 있어. 먹물을 쏟아부은 것 같은 밤하늘이 어둠의 장막을 펼치고 있지. 어둠 속에도 사람들이 앉아 있는데, 서로 어깨와 머리를 붙이고 앉아서 귀엣말로 소곤대거나 동그랗게 모여 앉아서 춤 솜씨를 감상하지. 오른쪽에는 아기를 품에 안은 엄마도 보여. 그 뒤쪽으로 흰 옷 입은 남자들이 축제를 뒤로하고 어디론가 걸어가고 있어.

밤의 모닥불 축제를 그린 이 그림도 어디선가 눈에 익은 구성이야. 어디서 봤더라? 그래, 〈설교 후의 환상〉(27쪽)과 닮았어. 브르타뉴에 있을 때 그린 그림 말이야. 거기에서도 붉은색 화면 가운데를 가로지르는 나무가 있었지. 이처럼 고갱이 비스듬히 기울어진 굵은 나무를 되풀이해서 그린 건 무슨 이유가 있을 거야.

고갱은 그림을 통해 종교 의식에 대한 자신의 생각을 밝히려고 했던 것 같아. 기독교와 원시 종족의 제사는 비록 서로 형식은 다르지만, 브

타히티 섬 사람들은 밤에 모닥불을 피우고 춤을 추면서 축제를 즐겼어.

르타뉴의 설교와 타히티 섬의 모닥불 축제가 똑같이 신을 섬기는 경건한 예배라고 이야기하고 싶었던 거지. 틀림없이 그랬을 거야. 프랑스는 타히티 섬을 지배하면서 전통적인 모닥불 축제를 엄격하게 금지했어. 모닥불 춤도 못 추게 했지. 그것이 신성한 의식이라는 걸 알았기 때문이야. 고갱은 정복자들의 처사를 무척 못마땅하게 여겼어. 프랑스 사람들의 눈을 피해서 비밀스럽게 벌어지던 타히티 섬의 축제에 고갱이 직접 참여했는지는 확실하지 않아. 그런 축제가 어디선가 열리고 있다는 이야기를 듣고 상상해서 그렸을 수도 있지. 그러니까 위험한 그림이었던 거야.

모닥불 축제의 열기가 뜨거워지면서 불길도 하늘 높이 치솟고 있어. 숲을 홀랑 태워 버리지 않을까 걱정스럽군. 밤새 타다가 불길이 잦아들 즈음이면 동이 트겠지.

원뿔 모양으로 소용돌이치면서 치솟는 모닥불 불길을 봐. 반 고흐의 작품에 자주 나오는 실편백나무와 닮았어. 고흐와 고갱이 아를에서 같이 살면서 그림을 그렸다는 건 앞에서 말했지? 고갱은 모닥불의 불길을 그리면서 먼저 세상을 떠난 친구 화가 고흐의 죽음을 애도하는 심정이었을지도 몰라.

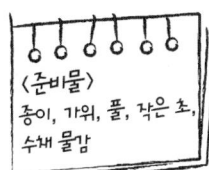
〈준비물〉
종이, 가위, 풀, 작은 초, 수채 물감

　실제로 사람들이 둘러서서 춤을 출 정도라면 모닥불이 엄청 커야 할 거야. 장작을 한 트럭은 싣고 와야 하겠지. 게다가 불을 피울 장소도 마땅치 않잖아. 그러니까 우리는 조금 아담한 모닥불 춤을 연출하는 게

빈센트 반 고흐가 그린 실편백나무

**종이로 만든
모닥불 춤**

좋겠어. 그리고 불을 피워야 하니까 어른이 꼭 옆에 있어야겠지?

방 안에서 모닥불을 피울 순 없으니까 납작하고 동그란 초로 대신하는 거야. 종이, 수채 물감, 가위, 풀이 준비되었으면, 고갱의 모닥불 축제 그림을 잘 살펴보고 그 기분을 살려서 만들면 돼.

춤추는 사람들을 종이에 그리고 신나게 붓질을 해 봐. 물감이 다 마르면 모양대로 오리고 이걸 다시 풀로 붙이면 둥글게 둘러서서 춤추는 사람들이 완성되지. 춤추는 사람 한 명이 두 팔을 벌린 길이가 7센티미터 정도 되면 적당할 거야.

춤을 출 때 발바닥이 꼭 바닥에 붙어 있을 필요는 없어. 그리고 손바닥 끝을 조금 여유 있게 만들면 풀칠해서 붙이기가 좋아. 살짝 접어서 다리를 올리기도 하고 고개를 젖히거나 숙이는 모양을 만들어 봐. 젓가락처럼 꼿꼿하게 서서 춤을 추면 흥이 안 나잖아.

무엇보다 춤추는 사람들이 서로 손을 맞잡아야 하니까 팔 길이를 잘 가늠해야 해. 손을 전부 잘 연결해야 둥글게 세웠을 때 안 쓰러진다는 것도 명심하고. 종이를 다 오렸으면 전부 펼쳐 놓고, 남자와 여자가 손을 맞잡게 풀칠을 해서 붙이는 거야. 왕관처럼 둥근 모양이 되겠지. 그 한가운데 작은 초를 놓고 불을 붙이면 이제 모닥불 춤이 완성된 거야.

커튼을 치고 전등 끄는 걸 잊었군. 촛불이 파닥파닥 흔들리면 춤추는 사람들의 그림자도 같이 춤을 추겠지?

69쪽 그림은 타히티 섬에서 얻은 소재를 표현하고 있지만, 파리에서 그린 거야. 잠시 타히티 섬을 떠나 파리에 왔을 때 그린 작품이지. 여기에도 춤추는 여인이 두 명 등장해.

작품 제목은 〈마하나 노 아투아〉라고 해. '여신의 날'이라는 뜻이야. 이국적인 해안 풍경이지? 바다가 육지 쪽으로 움푹 들어와 있고, 타히티 섬 여인들이 한가롭게 햇살을 희롱하고 있어.

그림 가운데에는 바닷물에 두 발을 담근 머리 긴 여인이 앉아 있고, 양쪽에 어린아이가 웅크리고 누워 있어. 사내아이인지, 계집아이인지 구분이 안 가는군. 바닷물 위에는 파랑, 노랑, 주황, 보라, 검정 등의 색들이 둥둥 떠 있어. 모래톱일까? 아니면 햇살이 바닷물에 반사되어 생긴 얼룩일까? 누구도 시원한 답을 내놓지 못할 거야.

고갱의 그림 속에는 이처럼 풀어낼 수 없는 미스터리가 숨어 있기도 해. 어떤 물체나 대상을 분명하게 정해서 표현한 게 아니고, 단순히 보색 관계의 색들로 생소한 효과를 만들어 내는 실험을 했을지도 몰라. 고갱이라면 충분히 그럴 수 있거든. 흥미로운 건 고갱의 그림이 세상에 나오고 10년쯤 뒤에 표현주의 화가들이 등장했는데, 표현주의 화가들도 형태를 또렷하게 그리지 않고 순수한 색채만으로 표현하는 걸 시도했다는 사실이야. 고갱의 색채 실험이 표현주의 미술 운동의 도화선이 된 거지.

물에 발을 담근 여인의 뒤쪽에는 나무로 깎은 조각상이 하나 서 있어. 바로 그림 제목에 나오는 여신이야. 왼쪽에 흰 옷을 입은 여자 둘이 여신에게 바칠 제물을 사이좋게 머리에 이고 다가오고 있네. 오른

달의 여신 '히나' 조각상

쪽에는 붉은 옷을 입은 여인 두 명이 피리 연주에 맞춰서 춤을 추고 있군.

고갱은 타히티 섬과 그 주변 섬에 사는 원주민들을 사랑했어. 그리고 붓으로 그들의 전통과 풍속, 삶에 대한 생생한 증언들을 남겼어. 이 그림에서 두 팔을 벌린 조각 작품은 달의 여신 '히나'야. 고갱은 히나에게 무척 마음이 끌렸나 봐. 히나를 조각으로도 만들었으니까. 나무 위에 부조로 조각한 히나 여신은 인도의 다른 여신들과 함께 어우러져 있어. 그림에서는 혼자였는데 말이야.

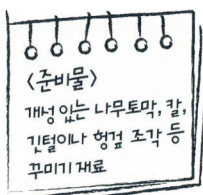

〈준비물〉
깨넣 없는 나무토막, 칼, 긴털이나 형겊 조각 등 꾸미기 재료

타히티 섬 그리고 남태평양의 섬들에 사는 원주민들은 신이나 여신의 형상을 거의 만들지 않았어. 그건 보이지 않는 신들이 이미 자신들의 마음속에 함께 존재한다고 믿었기 때문이야. 중요한 건 눈에 보이는 신의 형상이 아니라는 거지. 나무토막, 돌덩어리 하나에도 그들에게 힘과 용기와 건강을 베풀어 주는 신성이 깃들어 있다고 생각했어.

문명이 발달한 현대 사람들도 따지고 보면 마찬가지야. 할머니가 물려주신 물건이나 부적 같은 걸 몸에 지니고 다니면 액운을 물리칠 수 있다고 생각하잖아. 물론 꼭 다 그런 건 아니지만.

그래도 타히티 섬의 자연신들을 상상하면서 행운의 마스코트를 몇 개 만들어 볼까 해. 덕분에 영험한 기운을 얻어서 자다가 갑자기 떡이 생기거나 통닭

달의 여신 히나에게 제나를 올리고 있어.

**나무토막으로
만든 행운의 마스코트**

을 먹게 될 수도 있으니까. 이번에는 책상이나 장롱 서랍에 굴러다니는 잡동사니 재료로 만들어 보자.

몸통이 될 나무토막이 하나 있어야겠지. 꼭 미끈하게 빠지지 않아도 돼. 개성 있게 생기면 더 좋을 거야. 나하고 마음도 잘 통하고, 나를 지켜줄 수 있는 그런 나무토막을 찾아봐.

이거다 싶은 걸 찾았으면 조금 손을 봐서 다듬는 거야. 그런대로 무난하다 싶으면 그냥 두어도 상관없어.

책상에 세워 두려면 발바닥을 붙여야겠지. 눈, 코, 입은 펜으로 그리거나 적당한 재료를 잘라 붙여. 뒤통수에 칼로 실금을 내고 깃털을 꽂아서 멋을 내도 좋아.

헝겊 자투리를 잘라서 마법의 외투를 입혀 볼까? 마법 지팡이는 나무 꼬치가 적당하겠지. 행운의 마스코트를 다 만들고 보니 안심이 되는군. 이제 액운이나 나쁜 기운은 얼씬도 못할 테니까.

70

1906년에 파리에서 대대적인 고갱 회고전이 열렸어. 작가가 죽고 난 뒤에 열리는 전시회를 회고전이라고 하는데, 비록 고갱은 볼 수 없었지만 회고전은 대성공을 거두었어. 무엇보다 고갱이 판화로 찍고 일상을 기록한 그림일기는 젊은 작가들 사이에서 뜨거운 호응을 얻었지. 예술가들이 그림일기를 남기는 건 흔한 일이야. 오른쪽의 「노아 노아」는 고갱이 타히티 섬에서 어떻게 살았는지와 그곳의 신기한 풍경들을 잘 보여 주고 있어.

고갱은 타히티 섬에서 보낸 자신의 날을 「노아 노아」에 기록했다.

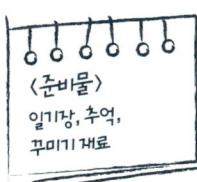

〈준비물〉
일기장, 추억, 꾸미기 재료

그림일기는 누구나 꾸밀 수 있어. 시간과 정성만 있으면 말이야. 여름방학 때 놀러 갔던 휴양지나 여행지에 대한 추억을 영원히 남길 수 있지. 보통 일기와 다른 점이 있다면 날씨와 그날 있었던 일만 글로 채우는 것이 아니라 그림이나 스케치가 덧붙는다는 거야. 공원 입장권, 공연 프로그램 같은 걸 붙여도 좋아. 모두 즐거웠던 기억을 일깨워 줄 증거들이니까. 빈 공책에 하루하루 추억이 채워져 가는 걸 보면 뿌듯해질 거야.

여행 그림일기

이건 우리가 만든 그림일기야. 어디 놀러 갔다 왔는지 알아맞혀 봐. 그림일기를 전부 다 보여 주지 못해서 아쉬운걸.

바다 풍경이 보이지? 돛단배가 잔잔한 바다 위에 한가롭게 떠 있고, 커다란 물고기가 헤엄치고 있는 그림이야. 물고기는 휴양지 광고에서 오렸어. 파란 털실로는 물풀 분위기도 내 봤어. 어때, 그럴듯하지? 모래사장에서 주운 조개로 책갈피 끈을 장식한 건 내 생각이야. 바닷가를 산책하다가 네모난 양철 조각도 주웠지 뭐야. 생쥐네 집 거실에 걸려 있는 액자 보이지? 그게 바로 그거야.

5
원시 부족에게 배운 춤

■ 수록 작품
앙드레 드랭 〈춤〉 1906년, 캔버스에 유화와 템페라, 229x179.5cm, 개인 소장 (76쪽)
앙리 마티스 〈춤〉 1909~1910년, 캔버스에 유화, 391x260cm, 상트페테르부르크 에르미타주 미술관 (78쪽)
〈팔라우 섬의 들보 조각을 보고 그린 그림〉 함부르크 민속학 박물관 (80쪽)
막스 페히슈타인 〈바닷가에서 옷 벗고 춤추는 여자들〉 1912년, 석판화에 수채 물감으로 덧그림, 32x43.2cm, 하노버 슈프렝겔 박물관 (83쪽)
〈추장 의자〉 카메룬 서부 초지, 나무 재료, 높이 73cm, 드레스덴 민속학 박물관 (89쪽)
〈콜루파 투구 가면〉 자이르 야카 북부, 나무 재료, 라피아 야자잎과 줄기 섬유, 등나무 심, 높이 70cm, 스위스 바르비에르뮐러 미술관 (89쪽)

고갱의 유산 파리에서 고갱 회고전이 열릴 즈음에 유럽 여러 나라에서 민속학 박물관들이 세워지기 시작했어. 아프리카, 남아메리카, 남태평양 원주민들의 전통적인 삶과 풍속에 관한 실물 자료들이 프랑스, 독일, 이탈리아를 비롯한 여러 유럽 국가들의 민속학 박물관에 공개되었어. 그러자 예술가들은 새롭게 발견한 원시적 조형과 순수한 색감에 대해서 강렬한 인상을 받았지.

그러면서 고갱은 색채의 선구자로 자리매김되었어. 서양 미술의 유구한 전통과 유럽 문명이 이루어 놓은 거대한 성취를 등지고 미지의 영역에 도전했던 고갱의 용기가 뒤늦게 인정을 받게 된 거야. 민속학 박물관에 전시된 대담하기 짝이 없는 원시 조각들, 그리고 강렬한 감성과 성스러움을 지닌 색채는 새로운 가능성을 탐색하던 유럽의 미술에 새로운 물꼬를 터 주었어.

앙드레 드랭(André Derain 1880~1954)은 고갱의 작품에 푹 빠져서 민속학 박물관을 제집처럼 드나들던 젊은 화가였어. 그는 1906년의 고갱 회고전을 보고 깊은 인상을 받았는데, 무엇보다 아프리카 미술에 사로잡혀 있었다고 해. 그래서 탄생한 작품이 76쪽에 있는 〈춤〉이야.

앙드레 드랭의 그림 〈춤〉에는 옷차림이 제각각인 세 사람이 등장해. 모두 아주 기묘한 자세로 춤을 추고 있군. 맨 왼쪽 줄무늬 옷을 입은 사람은 몸과 머리의 방향이 정반대야. 팔에는 앵무새 한 마리가 앉아서 날개를 퍼덕거리고 있고, 그 뒤로 알몸으로 풀밭에 앉아 있는 여자도 보이네.

가운데에서 춤추는 여자도 알몸이야. 노란 바지를 입은 오른쪽 여자

원시림에서 사람들이 흥겹게 춤을 추고 있어.

와 엉덩이를 비비적거리면서 신 나게 춤을 추고 있어. 오른쪽 여자는 얼마나 춤에 열중했는지 목이 완전히 뒤로 돌아간 것 같아. 춤추는 여자들 발밑에는 초록 뱀이 기다란 몸통을 구불대며 흥을 돋우네. 마치 대지가 잠에서 깨어나서 출렁거리는 것 같아.

춤추는 모습은 흥겹지만 색채가 어쩐지 부자연스러워. 그건 앙드레 드랭이 의도적으로 자연색과 동떨어진 색을 골랐기 때문이야. 대지는 붉게, 숲은 파랗게 그리고 하늘은 노랗게 칠한 거지. 또 하늘 높이 뻗은 나무에는 포도처럼 생긴 과일과 열매들이 주렁주렁 달려 있어. 건강한 생명력이 충만한 원시림의 풍경을 그리고 싶었나 봐. '천국이 있다면 이럴 거야' 하고 상상하면서 말이야. 한 가지 분명한 건 앙드레 드랭이 고갱의 미술을 본보기로 삼았고, 다시 새로운 방향으로 진화시켰다는 사실이야.

앙드레 드랭의 가까운 친구 가운데 화가 앙리 마티스(Henri Matisse 1869-1954)가 있어. 고갱 회고전을 둘이 함께 관람했대. 우연의 일치인지 앙리 마티스도 〈춤〉이라는 제목으로 그림을 그렸어. 그것도 한 점도 아니고 여러 점을 그렸대. 앙리 마티스는 고갱의 그림을 아주 주의 깊게 관찰하고 그 핵심을 파악했어. 78쪽 그림을 보면 앙리 마티스가 고갱한테 어떤 것을 배워 왔는지 알 수 있을 거야.

여자들이 손을 맞잡고 둥글게 서서 춤을 추고 있어. 고갱이 브르타뉴에서 그린 춤추는 소녀들(28쪽)처럼 말이야. 그렇지만 마티스의 그림에는 다른 점이 있어. 풍경은 하나도 묘사하지 않았고, 춤추는 사람들만 있어.

성큼성큼 발걸음을 떼면서 덩실덩실 어깨춤을 추고 있어.

초록색 대지와 진청색 하늘 그리고 사람들 말고는 아무것도 없어. 춤추는 여자들은 붉은빛이 도는 피부와 검은 머리카락을 가지고 있어. 그러니까 단 네 가지 색채만으로 그림을 완성한 거지. 성큼성큼 발걸음을 떼면서 덩실덩실 어깨춤을 추는 사람들은 율동감 넘치는 동작을 보여 주고 있어. 사실 네 가지 색채가 율동감에 힘을 더해 주고 있지.

아무도 옷을 입지 않고 있어서 우리는 춤꾼들의 몸동작을 정확히 관찰할 수 있어. 뒤쪽 두 사람은 가볍게 훌쩍 뛰어오르는 자세야. 두 사람이 춤을 이끌고 있어. 양쪽 가장자리에 있는 다른 두 사람은 막 대열에 들어왔나 봐. 움직이는 방향이 뒤쪽 두 사람과는 달라 보여. 반대 방향으로 도는 게 아니라 뛰는 동작이 너무 빨라서 그렇게 보이는 건지도 몰라. 앞쪽 가운데 있는 사람은 손을 크게 뻗고 있어. 자기도 한자리 끼어 보려고 애쓰는 것 같아.

춤추는 여자들 10쪽에서 우리는 키르히너의 춤추는 여자들을 살펴보았어. 키르히너는 독일 표현주의를 대표하는 화가 가운데 한 명이야. 표현주의 화가들은 자연을 있는 그대로 표현하는 전통적인 기법을 무시하고 붓질과 색채를 통해 감정을 표현하고 싶어 했어. 과감한 색면 처리와 보색 대비를 통해 그림에 감정을 불어넣으려고 했던 고갱과 예술적 목표가 같았던 셈이야.

키르히너를 비롯해 그의 화가 친구들은 '다리파'라는 이름으로 불렸어. 다리파 화가들은 함께 모여 현대의 미술에 대해 토론을 하고, 민

함부르크
민속학 박물관에 전시된
팔라우 섬의 들보 조각을
보고 그린 그림

속학 박물관을 방문해서 공동의 관심사에 대해 연구했어. 함부르크 민속학 박물관에 전시된 팔라우 섬의 건축 유적 가운데 색이 칠해진 부조로 장식된 기다란 들보는 다리파의 비상한 관심을 끌었어. 팔라우 섬은 남태평양 제도에 속한 지역이긴 하지만 타히티 섬이나 히바오아 섬에서 아주 멀리 떨어져 있어(55쪽 지도). 팔라우 섬의 건축 유적은 함부르크와 드레스덴 그리고 여러 다른 도시의 민속학 박물관의 인기 전시 품목이었대.

팔라우 섬의 들보 조각에도 춤추는 사람들이 새겨져 있어. 화가 키르히너는 함부르크에 자주 갔고, 팔라우 섬의 들보 앞에 서서 한참 동안 부조를 관찰하곤 했지. 표현주의 화가 모임인 다리파의 친구들은 모두 원시 조각에 깊은 감명을 받았어. 그래서 다리파 화가들의 작품 가운데 춤추는 사람들을 소재로 한 그림을 어렵지 않게 만날 수 있어.

춤추는 무용수들을 직접 만들어 볼까? 춤 동작을 마음대로 연출해 보는 인형 무용단 단장이 되는 거지.

우선 무대와 무용수가 필요하겠지? 무대는 한쪽이 트여 있는 상자로 만들 거야. 슈퍼마켓에 가서 굴러다니는 빈 상자를 하나 주워 와. 인형 무용단의 공연 무대로 사용하기에 적당한 크기로. 무대 상자 옆에서 실을 당기면 무용수들이 팔과 다리를 움직일 수 있어야 해.

우선 스티로폼 공에 종이테이프를 감아서 얼굴을 만들고, 머리카락은 솜이나 색실, 지점토 등으로 만들어서 붙여. 그 다음에는 신문지나 전단지를 꾸깃꾸깃 말아서 몸통과 팔다리를 만들어 두는 거야. 제각기 색을 칠하고, 다 마르면 몸통과 머리와 팔다리를 모두 연결해야 해. 약간 느슨하게 바느질을 하면 팔다리를 마음대로 움직일 수 있어. 그러고 나서 옷도 신문지나 광고지로 만들어서 입히는 거야. 종이를 일정한 간격으로 접어 가면서 주름치마를 만들거나 휴지를 가지고 만든 레이스 치마를 입혀 주어도 좋겠지.

〈준비물〉
적당한 크기의 상자, 물감, 풀, 검은 색지, 신문지, 휴지, 색실, 스티로폼공, 솜, 지점토, 종이테이프, 실과 바늘, 몽당연필 두 자루 등

춤추는 인형 극장

중요한 건 색칠한 게 다 마른 다음에 바느질을 해야 한다는 거야. 신문지가 축축하면 바느질이 훨씬 쉽지만, 마른 뒤에 쪼글쪼글해지거나 보기 싫게 변할 수가 있거든. 그리고 실로 꿰맨 부분이 뜯어지기도 해. 종이 인형에 풀을 먹여서 말려도 좋아. 그러면 아주 단단하게 굳어서 여간해서는 망가지지 않거든.

인형이 완성되었으면 이제 무대에 세울 차례야. 무용수의 머리를 하나씩 실로 꿰어서 당기면 빨랫줄에 널어놓은 빨래처럼 나란히 서게 될 거야.

아참, 무대 만드는 걸 깜빡했군. 상자 극장의 무대 안쪽에는 검은 색지를 붙여서 공간을 어둡게 만들어야 해. 색지가 남으면 극장 바깥까지 발라도 상관없어. 무대 배경이 어두워야 무용수들의 동작이 더 잘 보일 테니까.

이제 상자 극장의 양쪽 옆면에 작은 구멍을 내고, 무용수 인형을 꿴 실의 양 끝을 그 구멍으로 내보내. 실 끝을 상자 바깥으로 꺼내서 몽당연필이나 작은 막대에 묶어 두면 실이 빠지지 않을 거야. 상자 바깥에서 실 끝을 흔들어 주면 무용수들의 신 나는 공연을 감상할 수 있어.

오른쪽에 있는 그림은 다리파 화가 막스 페히슈타인(Max Pechstein 1881~1955)의 작품이야. 작품 제목은 〈바닷가에서 옷 벗고 춤추는 여자들〉이야. 세어 보면 등장인물은 모두 여덟 명이야. 물에서 첨벙거리고, 깡충깡충 뛰고, 엉덩이를 씰룩씰룩하면서 춤을 추고 있어. 뒤쪽에 조그맣게 그려진 네 명은 서로 손을 잡고 있어. 왼쪽 두 사람은 왼쪽으로 가려는데, 오른쪽 두 사람은 서로 마주보고 있어. 이건 열을 맞추어서 춤을 추는 동작이라기보다 물속에서 첨벙거리며 장난을 치는 것 같

여자들이 바닷가에서 춤을 추며 놀고 있어.

아. 아무렴 어때? 즐거우면 그만이지.

앞쪽 네 명의 여자는 손도 잡지 않고 제각기 다른 모습이야. 자유분방한 움직임은 아무래도 마티스의 영향일 거야. 가장자리에 서 있는 두 여자는 한쪽 발을 앞으로 쑥 내밀면서 팔을 위아래로 크게 휘젓고 있어. 엉덩이를 뒤로 빼고 어깨를 들썩이면서 말이지. 78쪽 마티스 그림에서 맨 앞에 등을 돌린 여자와 비교하면 동작이 놀랄 만큼 비슷해. 앞쪽 가운데 두 여자도 자세가 아주 독특해. 가운데에서 왼쪽 여자는 비스듬히 누워 있어. 한가하게 발을 외로 꼬았군. 가운데에서 오른쪽 여자는 기지개를 켜는 걸까? 무릎을 꿇은 자세로 몸을 스트레칭하는 것 같아. 물에 들어가서 수영을 하기 전에 준비 운동이라도 하는 걸까? 준비 운동을 해 둔다고 해서 나쁠 건 없겠지.

페히슈타인이 그린 그림에는 무언가 이상한 부분이 있어. 상식적으로는 납득이 되지 않는 그림이야. 무엇보다 여자들이 파란색 피부를 하고 있어서 낯설게 느껴져. 혹시 스머프 가족인가? 더군다나 당연히 파란색이어야 할 바다에는 파란색이 하나도 없어. 바다가 있어야 할 곳에는 동그란 연두색 원이 그려져 있어. 그 안에는 붉은색과 노란색도 약간 보이는군. 이걸 바다라고 할 수 있겠어?

그림 아래쪽에는 초록색 언덕처럼 보이는 것이 불룩하게 나와 있고, 그 위로 파란색 굵은 띠가 두 줄 보여. 언덕 고랑일까? 아니면 시냇물? 그림 위쪽 가장자리에도 초록색과 굵고 검은 윤곽선들이 보여. 이건 숲을 나타낸 걸까? 한 가지 분명한 건 페히슈타인이 단순히 눈에 보이는 대로 그림을 그린 건 아니라는 사실이야. 언덕, 숲, 하늘, 바다를 그리면서 꼭 얼룩이나 문양처럼 표현했으니 말이야.

그건 그렇다 치고, 그림을 그리는 화가는 어디에서 이런 풍경을 본 걸까? 목욕하는 여자들과 풍경을 마치 높은 장소에서 내려다본 것처럼 그렸잖아. 혹시 화가가 스케치북을 들고 높다란 나무 위로 올라가서 그린 걸까? 이 그림은 공간 구성과 원근법 등 회화의 역사에서 중요하게 여겼던 가치들을 모두 무시하고 있어. 정확한 재현도, 적절한 색채도 화가는 안중에 두지 않았던 거야.

이처럼 엉망진창으로 보이는 그림에서 하나 눈에 띄는 게 있어. 그건 얼굴조차 제대로 알아보기 힘든 여자들이 바닷가에서 거리낌 없이 물장난을 치고, 춤을 추고, 웃음을 터뜨리며 행복한 시간을 보내고 있다는 거야. 정확한 공간과 비례와 배색을 포기하고도 등장인물들의 마음을 이렇게 잘 드러낼 수 있다니, 정말 신기하지 않아? 그래. 이게 바로 표현주의 화가들이 추구했던 진정한 가치였어. 눈에 보이지 않는 인간의 내면과 감정을 표현하는 것 말이야.

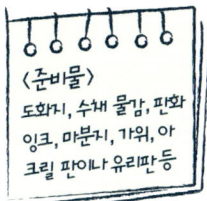

페히슈타인의 작품은 판화야. 붓으로 그린 게 아니라 찍어 낸 작품이란 거지. 정확히 말하자면 돌로 된 판을 이용한 석판화인데, 페히슈타인은 먼저 판화로 찍어 내고 다시 붓으로 색을 살짝 입히는 방법을 썼어.

석판화를 정식으로 하려면 꽤 준비가 필요해. 취미로 판화 한 장 찍으려고 석판, 아라비아고무액, 리토 펜슬과 크레용, 석판 인쇄기 같은 것들을 모두 갖

마분지를 오려서
판화 만들기

추려 하다가는 배보다 배꼽이 커지겠지. 우리는 그냥 기분만 내는 걸로 만족하자고.

커다란 도화지를 한 장 준비하고, 거기에다 수채 물감으로 풍경을 그려. 춤추는 사람들이 들어가야 할 배경으로 써야 하니까 풀밭이나 바닷가 같은 풍경이 좋겠지. 마분지나 장판지 자투리를 구해서, 거기에다 사람의 모습을 스케치하고 머리, 몸통, 치마, 팔과 다리 등을 제각기 따로 잘라 내는 거야. 그래야 반복해서 쓸 수 있지. 이제 아크릴 판이나 유리판에 판화 잉크를 발라 두고 거기에 사람 모양 조각을 붙였다 떼면 인쇄 준비 완료야.

아까 배경을 그려 둔 종이 위에 잉크가 묻은 사람 모양 조각을 머릿속에 구상한 대로 찍어 주면 춤추는 사람들이 나타나겠지. 판화 잉크가 없으면 아크릴

모노타이프

물감도 괜찮아. 무용수들의 팔과 다리 그리고 몸통을 찍을 때 방향과 각도를 조금씩 바꾸어 가면서 변화를 주는 것도 재미나겠지.

맨손으로 작업을 하다 보면 손가락에 잉크가 범벅이 될 거야. 그래도 페히슈타인이나 마티스 못지않은 근사한 작품을 창조하려면 손이 더러워지는 것쯤이야 감수해야지, 뭐.

아크릴 판과 유리판을 이용해서 판화를 할 수 있는 방법을 하나 더 알려 줄게. 아연 판화보다 더 간단한 방식으로 비슷한 효과를 얻을 수 있어. 바로 모노타이프*야.

우선 종이가 한 장 필요해. 종이는 아크릴 판이나 유리판보다 크면 안 돼. 빈

*모노타이프
평평한 면에 그림을 그려서 찍어 내는 평판화의 하나. 한 장만 찍어 낼 수 있다. 채도가 높고 색이 변하지 않는 장점이 있다.

종이에 먼저 그림을 그려. 서로 마주보며 춤을 추는 남자와 여자를 그려 볼까?

그 다음엔 아크릴 판이나 유리판에 잉크를 고루 발라. 이제 그림을 그려 둔 종이를 그 위에다 살짝 얹는 거야. 잉크가 묻지 않도록 두 손가락으로 종이 끄트머리를 잡고 아주 가볍게 얹어야 해. 그림이 그려진 면이 위쪽을 향해야 하고 종이가 미끄러지면 처음부터 다시 해야 해.

이제 끝이 뾰족한 펜이나 연필로 아까 그려 둔 춤추는 남녀의 윤곽선을 따라서 그릴 차례야. 그릴 때에는 손바닥이 종이를 누르지 않도록 조심해야 해. 윤곽선을 따라서 다 그렸으면 종이 위를 롤러로 가볍게 굴려 주고, 다시 종이의 끄트머리를 살짝 집어서 들어 올려. 그 다음에 종이를 뒤집어 보면, 스케치와 좌우 방향이 뒤바뀌어 있는 걸 확인할 수 있을 거야.

첫 작품이 마음에 들지 않는다고? 그러면 괜찮다 싶은 작품이 나올 때까지 같은 방법으로 반복하면 되겠지. 롤러를 굴릴 때 너무 살살 하면 그림이 제대로 안 나오고, 또 반대로 힘이 너무 많이 들어가면 그림이 까맣게 되고 말아. 어느 정도 힘을 주는 게 적당한지는 여러 번의 실패를 통해서 스스로 알아낼 수밖에 없어. 여러 종류의 종이로 실험해 보는 것도 재미있어. 스케치북, 복사지, 색지, 골판지, 포장지 등 집에서 쉽게 구할 수 있는 종이는 뭐든지 사용할 수 있어.

독일의 표현주의 화가 모임이었던 다리파의 회원들은 민속학 박물관에서 시간 보내기를 좋아했어. 그러나 박물관에만 처박혀 있던 건 아니고, 직접 원시 민족들의 작품을 수집하거나 함께 책을 읽고 토론

하거나 연구에 힘썼어. 다리파가 해체되고 난 다음에도 원시 종족의 미술에 대한 관심은 식을 줄 몰랐지. 막스 페히슈타인이 민속학 박물관의 팔라우 들보 조각이 있던 팔라우 섬을 직접 방문한 것도 다리파가 뿔뿔이 흩어지고 난 다음이었대. 비단 남태평양뿐 아니라 아프리카와 동남아시아의 밀림 지역까지 원시 미술품을 수집하려는 발길이 끊이지 않았어.

다리파 화가 가운데 카를 슈미트-로틀루프(Karl Schmidt-Rottluff 1884~1976)는 아프리카에서 온 작품을 소장하고 있었어. 아프리카 미술에 마음이 끌렸던 로틀루프는 아주 독특한 작품을 남겼대. 그의 작품과 원시 조형을 비교하면 자세가 너무나 닮아 있어서 아프리카 조형의 영향을 안 받았다고 할 수 없을 정도야.

오른쪽 아래 사진은 투구처럼 생긴 머리 장식이야. 가면으로 사용하기도 하지. 가면 꼭대기를 보면 앉아 있는 사람의 조형이 하나 붙어 있어. 춤을 출 때 이런 가면을 쓰는 종족이 아프리카에는 여럿 있지. 우리는 아무리 열심히 보아도 거의 구분을 못 하지만, 아프리카 가면은 생김새에 따라 의미들이 다 다르대. 축제나 행사에서 쓰는 가면은 원래 얼굴을 감추고 다른 역할을 대신하지. 유럽 사람들도 가면무도회나 사육제 행사 때 가면을 쓰고, 우리에게도 탈을 쓰고 탈춤을 추거나 연극을 하는 전통 예술이 있어.

카메룬에서 가져온 추장의 의자(위)

얼굴을 가릴 수 있는 투구 모양의 가면(아래)

〈준비물〉
비닐, 골판지, 우유팩 등 창의적인 재활용 재료, 접착제, 스테이플러, 풀, 종이테이프, 화환 받침 등

아프리카 가면무도회

우리도 가면을 하나 만들어 볼까? 가면을 쓰면 내가 누군지 알아보는 사람이 없을 거야. 남몰래 내 정체를 숨기고 축제에 참석하고 싶다면 가면과 의상이 필수야. 모습을 완전히 감추려면 재료가 꽤 많이 들어. 아프리카에서는 자연에서 쉽게 구할 수 있는 재료로 가면과 축제 의상을 만들었어. 그런데 유럽 사람들이 아프리카에 발을 들여놓은 뒤로는 양철, 유리, 플라스틱 같은 다양한 재료들을 사용하게 되었대.

복작복작 재료 구하기

솔방울, 나뭇가지, 깃털, 시든 꽃잎, 나뭇잎, 넝쿨, 갈대, 조개껍질 등은 모두 자연에서 구할 수 있는 재료들이야. 쓰레기통도 잘 뒤지면 나름대로 쓸 만한 재료들을 구할 수 있지. 비닐, 골판지, 계란 포장 용기, 양파 망, 반짝이 포장 끈, 휴지심, 우유 팩, 빨대 등 무궁무진한 보물이 들어 있어. 가면무도회 의상과 가면을 만들 때 한 가지 주의할 점이 있어. 너무 무거운 재료는 안 쓰는 게 좋다는 거야. 옷을 걸치고 춤도 춰야 할 테니까 말이야.

알록달록 가면 만들기

아프리카식 가면무도회 의상을 만들려면 일단 접착제, 스테이플러, 풀, 종이테이프를 준비해야 해. 이것저것 엮고 묶고 붙이는 데에는 이런 것들이 그만이지. 머리 크기에 딱 맞는 화환 받침을 하나 구해 볼까? 꽃다발 재료를 파는 곳에 가면 밀짚을 엮어서 만든 도넛 모양 화환 받침을 살 수 있어. 그걸 머리 위에 얹는다고 생각하면 간단해. 화환 받침의 바깥 테두리에 골판지를 얇고 길게

잘라서 만든 띠를 치렁치렁하게 붙이는 거야. 골판지 띠 사이마다 양파 망이나 색지를 잘라서 붙이면 제법 의상 분위기가 날 거야. 골판지는 질감이 뛰어나지만 무게가 가벼운 종이니까 스테이플러나 핀으로 화환 받침에 고정시킬 수 있어. 핀은 나중에 가면무도회가 끝나면 다시 뽑아서 재활용할 수 있으니까 금상첨화지.

이제 모자 부분을 완성할 차례야. 모자는 통닭을 먹고 나서 버리는 종이상자나 감자튀김 포장 상자를 펼쳐서 모양을 만들어 붙이면 꽤 근사해. 선물 포장 끈으로 멋을 내는 것도 좋겠지. 그 위에는 휴지심에다 솔방울을 하나 끼우고 맨 꼭대기에는 추장을 상징하는 깃털을 꽂아서 마무리하면 완성이야. 그러고 보니 꽤 위엄이 있는 의상인걸? 쓰레기통에서 꺼낸 잡동사니로 만드니 다소 어수선한 게 흠이로군.

모자에 얼굴을 만드는 걸 잊었네. 달팽이나 조개껍질로 두 눈을 만들어 붙이면 그게 바로 추장의 얼굴이야. 꽈리 열매를 몇 개 붙여서 머리 장식을 대신해 보는 것도 좋아. 종이테이프와 스테이플러 그리고 접착제가 있으면 가면무도회 의상에 무엇이든 갖다 붙일 수 있어.

덩실덩실 흥겨운 춤잔치

아까도 말했지만 너무 많이 붙이면 옷 무게 때문에 춤을 추기가 어렵다는 사실을 잊어선 안 돼. 왼발과 오른발을 성큼성큼 떼면서 덩실덩실 춤을 추면 골판지 띠와 양파 망이 너풀거리겠지. 냄비 뚜껑과 숟가락을 들고 장단을 맞추는 건 어떨까?

가면무도회 의상

6

색채가 춤을 출 때

■ 수록 작품
알렉세이 폰 야블렌스키 〈노란 부채춤〉 1912년, 마분지에 유화, 53.5x65.3cm, 파리 개인 소장 (96쪽)
블라디미르 부를류크 〈무용수〉 1910년경, 캔버스에 유화, 61x100cm, 뮌헨 렌바흐 하우스 (98쪽)
〈뱀 춤을 추는 로이에 풀러〉 사진, 파리 오르세 미술관 (99쪽)
자코모 발라 〈뱀 춤〉 1920~1922년 (1968년에 복원), 철사 조각, 높이 42cm, 로마 아르키비오 델 오벨리스코 (100쪽)
테오 판 두스부르흐 〈영웅적인 동작(일명 '춤')〉 1916년, 캔버스에 유화와 템페라, 110.5x136cm, 위트레흐트 중앙박물관 (102쪽)

노란 부채춤 원시 종족의 미술과 춤에 대해서 관심을 가졌던 건 다리파 화가들만이 아니었어. 그 당시 독일 뮌헨에서 활동하던 예술가들도 원시 종족의 생명력 넘치는 조형을 보고 깊이 감동했지. 이들은 고갱이 걸었던 길을 따라서 색채의 표현력에 대한 연구를 이어 나갔어. 뮌헨의 예술가들은 에른스트 루트비히 키르히너(10쪽)가 그랬던 것처럼 북아메리카에서 유럽으로 전해진 새로운 춤을 소재로 그림을 그리곤 했어.

96쪽의 〈노란 부채춤〉은 뮌헨에서 활동하던 러시아 출신의 화가 알렉세이 폰 야블렌스키(Alexej von Jawlensky 1884~1941)가 그린 작품이야. 그림에는 빨간 옷을 입은 여자가 노란 부채를 들고 있는데, 여자 주인공의 얼굴과 몸을 얼마나 크게 그렸는지 그림이 터질 지경이야. 마치 잘 안 맞는 옷을 입은 사람처럼 그림의 사각형 틀에 꽉 끼어서 지금 춤을 추고 있는 건지조차 알아보기 어려워. 고개를 숙이고 오른손을 왼쪽 어깨에 올리고 있는 동작만 알아볼 수 있지. 그리고 오른손에는 노란 부채를 펼쳐서 들고 있어. 파란색, 노란색, 빨간색 동그라미가 그려져 있는 부채야. 부채를 부치고 있는지, 춤을 추고 있는지도 잘 모르겠어. 춤을 출 때 부채가 어떤 중요한 역할을 하는 걸까?

〈노란 부채춤〉의 주인공은 얼굴도 빨개. 자세히 보면 노란색, 파란색, 연두색도 조금 섞여 있어. 얼굴은 순전히 색과 선으로만 이루어져 있어. 음영과 농담이 없는 얼굴은 어쩐지 가면 같은 느낌이야. 코는 노란색, 윗입술은 연두색, 눈 아래에는 짙은 초록색 그늘, 뺨은 분홍색으로 칠해서 마치 엉터리 화장을 한 어릿광대처럼 보여.

노란 부채를 들고 춤추는 여자

노랑, 연두, 분홍 등은 모두 밝고 가볍고 즐거운 색이야. 화가 야블렌스키는 형태를 정확하게 표현하기보다는 오직 색으로 감정을 표현하려고 애썼어. 붓이 제아무리 노력한다고 해도 카메라의 정확성을 따라가지는 못할 테니까. 전통적인 방식으로 회화가 사진과 경쟁하려는 건 무모한 짓이라는 사실을 야블렌스키는 잘 알고 있었어. 정확하고 충실한 재현과는 정반대의 길을 선택하면서 새로운 미술의 가능성을 실험했던 거지.

새로운 무용의 탄생 블라디미르 부를류크(Wladimir Burljuk 1886~1917)는 1910년에 뮌헨에서 열렸던 표현주의 전시회에 참가했던 러시아 화가야. 러시아 출신의 야블렌스키와도 가까운 친구 사이였지. 하지만 부를류크는 춤추는 무용수를 전혀 다른 방식으로 그렸어.

98쪽 그림을 보자. 무용수는 어디 갔는지 보이지 않고 화면에는 순수한 색의 조합만 남았어. 오른쪽 위에 있는 하얀색 둥근 공처럼 보이는 게 아마 무용수의 머리일 거야. 머리카락은 갈색으로 칠했군. 자세히 보면 뒤로 뻗은 다리가 하나 보여. 신체의 다른 부분은 모두 옷자락에 가려져 있지만 머리와 다리를 찾았으니 등과 팔의 자세는 대강 짐작할 수 있을 것 같아.

두 팔은 나란히 위로 들어 올렸을 거야. 소맷자락이 접힌 부분에 손끝이 위치하겠지. 두 손에는 다른 색의 옷자락을 여러 개 들고 있는 것 같아. 승무의 장삼 자락처럼 말이야. 그리고 숨어 있는 다른 한쪽 다리

우선 머리와
다리를 찾아봐.

뱀 춤을 추는 무용수
로이에 풀러

는 앞으로 크게 내딛었겠지.

　손끝에 천 자락을 쥐고 너울을 휘젓듯 춤을 추는 방식은 이 시기에 '뱀 춤'이라는 이름으로 꽤 유명했어. 화가 부를류크는 사진이나 포스터, 조각상 등을 통해서 뱀 춤을 추는 무용수를 여러 차례 보았을 거야. 커다란 천 자락이 허공에 솟구쳤다가 미끄러지고 나풀거리며 소용돌이치는 모양은 화가들의 눈길을 사로잡기에 충분했지.

　100쪽의 사진 속 작품은 철사를 구부려서 만든 조형물이야. 주제는 역시 춤추는 무용수지. 이탈리아 조각가 자코모 발라(Giacomo Balla 1871~1958)가 뱀 춤을 추는 독일 출신의 무용수 로이에 풀러(Loïe Fuller 1862~1928)의 모습에서 영감을 받아서 이 철사 작품을 만들고 〈뱀 춤〉

뱀 춤을 추는
무용수

이라는 제목을 붙였지. 철사를 가지고 춤추는 무용수를 표현하다니 입을 다물기가 어렵군. 이 작품도 부를류크의 그림처럼 사람의 신체 부위나 옷자락을 구분하기가 무척 어려워.

우선 다리부터 확인해 볼까? 춤을 추려면 가장 먼저 두 다리를 딛고 서야 할 테니까 가장 중요하다고 할 수 있지. 이제 몸통과 머리 그리고 팔의 움직임에 따라 천 자락이 크고 작은 곡선을 그리며 공간을 채우는 것을 하나씩 눈으로 읽을 차례야.

가느다란 철사를 재료로 사용했기 때문에 감상하는 사람의 시선은 무용수가 만들어 내는 부드럽고 우아한 곡선에 집중할 수 있어. 무용수의 몸무게가 전혀 느껴지지 않는 것도 가벼운 재료의 특성 덕분이지. 인체의 윤곽선과 무용 동작의 곡선들이 뒤엉켜 있어서 실체와 환영을 도무지 분간할 수 없어. 화가 부를류크와 조각가 자코모 발라가 의도한 목적이 이루어진 셈이지.

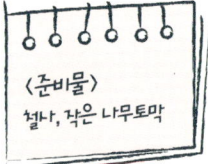

춤추는 무용수를 철사로 만들어 보는 건 어떨까? 철사 공예는 와이어 공예라고도 부르는데, 누구나 쉽게 도전할 수 있어.

철사는 색상과 종류가 다양한데, 문방구나 남대문 시장의 재료 도매상에 종류별로 마련되어 있지. 우선 짧고 굵은 철사 한 토막과 두 가지 색상의 가는 철사가 필요해. 그리고 조각 작품을 세우려면 받침대로 쓸 작은 나무토막 같은 게 있으면 좋겠지?

나무토막에 굵은 철사를 세로로 세워. 비슷한 굵기의 못을 나무토막에 한 방 박았다가 뽑으면 굵은 철사를 끼울 구멍이 생길 거야. 흔들리지 않게 꽉 고정시켜야 해. 굵은 철사는 위쪽을 살짝 구부려 두면 나중에 무용수의 몸통과 쉽게 연결할 수 있지.

그 다음엔 가는 철사를 살살 구부려서 무용수의 몸통과 팔다리 그리고 머리를 만들어야 해. 춤추는 동작을 상상하면서 팔다리의 동작을 만드는 거야. 철사는 쉽게 구부러지니까 완성한 다음에도 형태를 어느 정도 수정할 수 있어.

무용수 몸통에다 다른 색깔의 철사를 둘둘 말아서 옷을 입히고 신발을 신겨 준 다음, 아까 나무토막에 심어 둔 굵은 철사에다 고정시키면 작품 완성!

식탁에 촛불을 켜서 조명을 비추고 철사로 만든 무용수를 이리저리 움직이면서 멋진 공연을 감상해 봐.

철사로 만든 무용수

지금까지 많은 예술가들의 작품을 살펴보았어. 춤이나 무용수를 소재로 한 작품이었지. 그 가운데는 심지어 철사로 만든 무용수도 있었어. 춤과 무용수를 표현한 예술가들은 이밖에도

춤추는 색채들

무수히 많아. 그러니까 책 한 권에 모두 다 소개하는 건 무리겠지.

　이 책에 등장하는 예술가들은 한 가지 공통점을 가지고 있어. 유럽을 벗어나 아프리카, 남아메리카 그리고 남태평양의 외딴섬에 이르기까지 새로운 조형과 미적 표현을 찾아 나섰다는 거야. 실제로 배를 타고 낯선 곳을 탐사하기도 했어. 화가 고갱은 타히티 섬에서 자신의 낙원을 구했지만, 병이 들어서 죽기 전에는 프랑스로 되돌아오고 싶어 했다고 해. 미지의 세계에 대한 동경은 때로 실망스러운 결과로 끝났지만 예술가들은 때 묻지 않은 순수한 낙원을 찾는 일을 포기하지 않았어.

　낙원은 문명의 손길이 닿지 않은 곳에만 존재하는 걸까? 아틀리에에서, 그림 속에서, 팔레트에서 낙원을 찾을 수는 없는 걸까?

　테오 판 두스부르흐(Theo van Doesburg 1883~1931)는 무용수 대신에 색채를 춤추게 한 화가라고 해. 그가 그린 왼쪽 그림은 오직 짙고 강렬한 색들로만 이루어져 있어. 도대체 무용수는 춤을 추다 말고 어디로 간 걸까?

　이 그림에서 무용수의 머리, 두 팔 그리고 바람을 잡아채는 옷자락은 형태를 잃어버리고 말았어. 무용수가 사라진 자리에서 이제 노랑이 파랑에게 눈짓을 하고, 초록이 빨강의 허리를 휘감았어. 색채와 형태가 어깨를 들썩이며 추는 춤사위가 우리에게 새로운 낙원의 풍경을 보여 주는 것 같아.

　두스부르흐의 그림을 보니, 갑자기 고갱이 그린 〈설교 후의 환상〉(47쪽)이 떠오르는군. 짙고 선명한 색면들을 굵은 검은색 윤곽선으로 에워싼 작품 기억 나? 그리고 〈마하나 노 아투아〉(69쪽)라는 제목의 그림도 있었어. '여신의 날'이라는 뜻이었지. 이 그림들 모두 견고한 윤곽선이 아니었다면 힘을 주체하지 못하는 강렬한 색면들을 붙잡아 두지 못했을 거야.

이런 그림들을 비교하다 보면 우리는 왜 20세기 초의 많은 화가들이 고갱을 본보기로 삼았는지 이해할 수 있어. 두스부르흐는 고갱을 열광적으로 찬미한 화가 가운데 하나였지. 그래서인지 고갱의 색채를 더 멀리 끌고 나갔어. 그의 그림에는 주인공이 필요 없어. 이제 그림의 주인공은 색이 된 거야. 고갱이 티히티에서 구하려고 했던 것을 두스부르흐는 자신의 색채에서 발견했던 거지.

〈준비물〉
신문지, 커다란 흰종이,
여러 가지 색의 물감,
종이테이프, 롤러

색채가 춤을 춘다고? 두스부르흐가 그랬던 것처럼 우리도 색채를 춤추게 해 볼까? 아니, 벌써 내 엉덩이가 제멋대로 움직이는군. 춤추는 무용수 그림을 너무 많이 본 모양이야. 까짓 거, 내친 김에 신 나는 춤판을 벌여 볼까?

무대는 신문지야. 신문지를 여러 장 펼쳐서 널찍하게 깔아 두고, 그 위에 흰색 종이를 올려놔. 그 종이에 그림을 그릴 거야. 제사상에 쓰는 커다란 흰 종이도 괜찮아. 미끄러지거나 찢어지지 않게 종이테이프로 마룻바닥에 붙여 두어야겠지.

손바닥 발바닥 도장을 찍을 텐데, 작품이 완성되고 나서 바로 씻을 수 있게 욕실까지 가는 길에 신문지 징검다리를 미리 만들어 두면 따로 청소할 필요가 없겠지. 욕실에 비누와 수건이 손 닿는 곳에 있는지 확인하는 것도 잊지 마.

롤러에 수채 물감을 묻혀서 손바닥과 발바닥에 바르고 흰 종이에 손발을 짚으면 색채가 춤을 추기 시작할 거야. 빨강, 파랑 물감들이 합창을 하지. 가만 있자. 그러고 보니 신 나는 음악이 빠졌군. 아프리카 음악이 있으면 분위기가 더 살 텐데 말이야.

두 발로 저벅저벅 걸었다가 깡충깡충 뛰어 봐. 어깨는 덩실덩실, 엉덩이는 씰룩씰룩, 머리는 뱅글뱅글, 두 팔은 허우적거리면서 춤곡의 리듬에 몸을 맡기는 거야.

춤 공연이 끝나고 종이를 깔끔하게 말리기만 하면 끝이야. 아무래도 뭔가 조금 부족하다 싶으면 덧칠을 해도 좋아. 크레파스나 물감으로 작품 속의 빨간색, 파란색의 손 도장과 발 도장을 재미나게 꾸며 주는 거야.

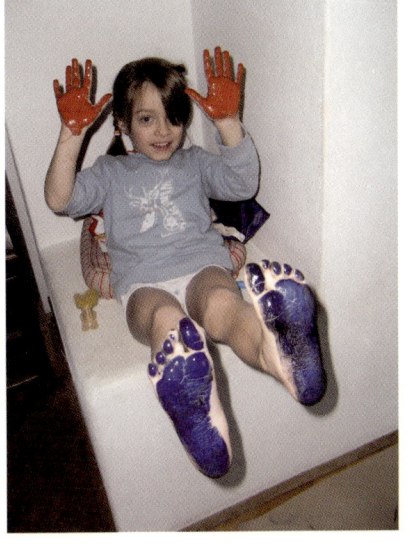

자, 이제 춤곡에 몸을 맡기는 거야.

이제 손바닥, 발바닥이 잔뜩 찍혀 있는 색채의 공연 무대를 벽에다 붙여 놓고 감상하는 일만 남았어. 벽에 걸린 색채의 춤을 볼 때마다 우리는 고갱과 많은 예술가들을 떠올릴 거야. 그리고 그들이 꿈꾸었던 낙원의 풍경도……

신 나게
춤춰 볼래?

1. 고갱의 발자취
2. 나와 함께 춤을 춰요
3. 미술관에 놀러 가요

고갱의 발자취

1848년 6월 7일 파리에서 태어남.

1849년 가족이 페루로 이주. 아버지는 이동 중에 돌아가심.

1855년 프랑스로 돌아옴. 고갱은 오를레앙에서 학교를 다니다가 파리로 이사.

1865년 선원으로 취직해서 대양을 항해함.

1867년 어머니가 돌아가심.

1871년 은행에 취직해서 회사 생활을 시작함.

1872년 그림 공부를 시작함. 아내가 될 메테를 만남.

1873년 메테와 결혼함. 1883년까지 다섯 명의 자녀를 낳았음.

1874년 카미유 피사로와 친해지면서 인상파 화가들과 사귐.

1879년 제4차 인상파 전시회에 작품을 출품함.

1880년 은행을 그만두고 보험 회사에 입사함. 그림 그리기에 점차 많은 시간을 쏟음.

1883년 직장을 그만두고 전업 화가의 길을 나섬.

1884년 살림살이가 어려워져서 가족을 이끌고 루앙으로 이주함. 경제적인 사정이 나빠져 아내 메테와 아이들이 덴마크의 코펜하겐으로 떠남. 가족과 함께 덴마크에서 일자리를 구하려고 애썼으나 실패하고 1885년 혼자 프랑스로 돌아옴.

1886년 다른 예술가들과 함께 브르타뉴의 퐁타방에 작업실을 꾸밈. 이 해 가을에 파리에서 고흐를 만남.

1887년 4월부터 11월 사이에 파나마와 마르티니크 섬을 여행함.

1888년 브르타뉴로 돌아옴. 10월에 고흐의 권유로 아를에 도착. 두 달 동안 고흐와 같은 작업실에서 그림을 그리며 생활하지만, 심한 다툼 끝에 헤어져서 혼자 파리로 왔다가 브르타뉴로 돌아감. 고흐는 귀에 상처를 입고 병원에 입원함.

1891년 타히티 섬으로 떠나기로 결심하고 그동안 그린 작품들을 경매 처분해서 여행 자금을 모음. 3월에 가족이 살고 있는 코펜하겐을 방문함. 3월 31일 파리를 떠나서 4월 4일부터 6월 18일까지 배를 타고 항해한 끝에 타히티 섬에 도착함.

1893년 가난과 병고에 시달린 끝에 파리로 돌아왔지만, 삼촌으로부터 받은 유산을 도둑맞음. 타히티 섬에서 그린 작품들은 파리 미술계에서 외면당함.

1895년 자신의 작품을 다시 경매에 붙이고 타히티 섬으로 감. 타히티 섬에서 그림 선생님, 파페테 시의 건축 공무원으로 일함. 이때부터 건강이 크게 악화됨.

1900년 파리의 한 갤러리 운영자로부터 고갱의 작품을 받는 대신 종신 연금을 지급하겠다는 제안을 받음.

1901년 타히티 섬을 떠나 1000킬로미터 떨어진 남태평양 제도의 히바오아 섬에 새롭게 정착함. 그곳에 오두막을 짓고 살면서 원주민들의 권익 보호를 위해 프랑스 정부와 법적 공방을 벌임.

1903년 5월 8일 생을 마감하고 히바오아 섬의 가톨릭교회 공동묘지에 묻힘.

나와 함께 춤을 춰요

색채를 이용해서 강렬한 느낌을 살린 고갱의 작품들은 정말 근사하지? 특히 '춤'을 주제로 한 그림들은 정말 신 나고 흥미로웠어. 뭐라고? 아직 흥이 가라앉지 않은 친구들도 있다고? 하하하. 고갱과 함께 여기까지 춤을 추며 달려 온 너희들이라면 아직 열정이 남아 있을 거라고 생각했어. 그럼 춤 잔치를 한 판 더 벌여 볼까?

'샤위 춤'은 우리한테는 '캉캉'으로 더 알려진 춤이야. 1830년부터 파리 댄스홀에서 무척이나 유행하던 사교춤이래. 번쩍 들어 올린 다리며, 뽐내는 표정 좀 봐. 10쪽에서 봤던 키르히너의 그림과 비교해서 봐도 재미있겠지? 밴드의 위치나 치마가 들썩이도록 추는 무용수들의 열정을 비교하면서 다음 동작은 어떤 동작일지 상상해 봐.

조르주 쇠라 〈샤위 춤〉
1889~1890년, 캔버스 유화, 139×169.1cm,
네덜란드 크륄러 뮐러 미술관

바람을 가르는 흥겨운 옷자락

오른쪽 그림은 김홍도의 〈춤추는 아이〉야. 김홍도는 조선시대를 대표하는 화가이니 너희들도 잘 알 거야. 김홍도의 풍속화들을 보면 등장인물의 표정이 하나하나 살아 있고 움직임이 느껴질 정도야. 동그랗게 모여 앉은 악사들은 피리 둘, 대금, 해금, 장구, 북으로 구성되는 삼현육각의 장단을 연주하고 있어. 악사들의 표정을 보니 모두 연주에 몰두하고 있군. 서로 눈빛을 나누며 박자를 맞추고 있겠지. 각각의 악기들이 하나의 소리로 어우러질 때 소름이 돋을 만큼 흥겨울 거야. 그 느낌을 춤추는 아이의 휘날리는 띠와 흥겨운 소맷자락이 잘 표현해 주고 있어.

신윤복 〈쌍검대무〉
종이에 수묵담채,
28.2×35.6cm,
서울 간송미술관

신윤복의 〈쌍검대무〉에서는 기생 두 명이 살벌하게 검무를 추고 있어. 춤 실력이 아주 뛰어난가 봐. 보는 사람 목구멍까지 침이 다 마르는 것 같아. 〈춤추는 아이〉의 발랄한 흥겨움과는 다른 분위기지? 두 기생이 금방이라도 획획 달려들어 검을 쨍 하고 부딪칠 것 같아. 기생이 입고 있는 옷의 붉은색과 푸른색의 대비가 더 강렬한 느낌을 줘.

김홍도 〈춤추는 아이〉 종이에 수묵담채, 26.7×39.7cm, 서울 국립중앙박물관

춤 사이로 흐르는 설레는 사랑의 음악

이중섭의 〈부부〉는 바다를 건너서 만난 한 쌍의 닭을 표현했어. 너무 반가워서 날아가 입 맞추는 모습이 손을 잡고 춤을 추는 것 같아. 아마 견우와 직녀처럼 얼싸안고 춤을 추었겠지.

닭은 날 수 없는데 어떻게 바다를 건너느냐고? 예리하군. 이중섭은 아내를 너무나 사랑했지만 반평생을 떨어져 살았대. 아내를 만날 수 없는 자신의 처지를 이렇게 그림으로 표현한 거지. 하늘을 날 수 없는 닭이지만 바다를 건너 제 짝을 만나듯이 자기도 아내를 만나러 날아가고 싶었나 봐.

오귀스트 르누아르
〈시골의 무도회〉
1883년,
캔버스에 유화,
90×180cm,
파리 오르세 미술관

반면에 르누아르의 〈시골 무도회〉는 화사한 분위기가 물씬 풍겨. 두 사람은 사랑하는 연인일까? 잘 차려 입은 신사가 여자에게 귓속말을 하고 있어. 사랑이라도 고백한 걸까? 여자가 수줍게 볼을 붉히고 있는 걸 보니 틀림없군.

화사한 붉은 모자와 여자의 발그레한 볼, 아기자기한 꽃무늬의 드레스가 사랑스러운 분위기와 잘 어우러져 있어. 그러고 보면 사랑하는 사람은 함께 있을 때 가장 행복한 것 같아.

이중섭 〈부부〉
1953년,
종이에 유화,
28×40cm,
서울 국립현대미술관

다 함께 실룩실룩 빙글빙글

역시 춤도 혼자 추는 것보다 여럿이 추는 게 더 흥이 나겠지? 마주보고 추고, 노래하며 추고, 고갱의 〈춤추는 브르타뉴 소녀들〉처럼 손잡고 빙글빙글 돌기도 하고 말이야. 누가 더 잘 추는지 겨뤄 보는 것도 재미있을 것 같아.

루벤스의 〈이탈리아 시골 사람들의 춤〉을 봐. 손을 잡고 빙빙 도는 게 우리나라의 강강술래랑 비슷하군. 가운데 나무 위에는 피리 부는 사람이 있어. 피리 가락에 맞춰 춤을 추나 봐. 사람들이 흥겹다 못해 서로 몸을 가누지도 못하고 있어. 저 끝에 한 사람은 손을 놓쳤네. 중간에 한 사람은 손이 꼬였고. 너무 빠르게 돌다 보면 저런 일이 꼭 벌어져. 한바탕 웃고 다시 추는 거지 뭐.

페테르 루벤스
〈이탈리아 시골 사람들의 춤〉
1636년,
나무판 위에 유화,
106×73cm,
마드리드 프라도 미술관

고구려 벽화 〈**무용도**〉
중국 길림성 집안시에 있는
고구려 무덤 무용총 벽화

　이번에는 조금 차분하게 줄을 맞춰서 춰 보자고. 고구려 벽화 〈무용도〉처럼 말이야. 언뜻 보기엔 자세가 참 특이해. 앞에서 본 이집트 벽화 기억나니? 몸통과 팔다리를 표현한 게 이집트 벽화와 비슷하지?

　우리 조상들도 춤을 아주 사랑했어. 서로의 안녕을 빌어 주고, 축하하고, 기념할 때도 다함께 모여 춤을 추었지. 긴 소매를 늘어뜨리고 춤을 추고 있군. 저렇게 줄을 서서 똑같이 추면 누구 한 명 동작이 틀릴까 봐 조마조마할 것 같아. 점무늬 옷이 발랄해 보이네. 어떤 음악에 맞춰 춤을 추었을지 상상해 봐.

똑같이 맞춰서 추는 춤 때문에 마음 졸이지 말고, 넓직한 곳에서 마음껏 실룩실룩 춤 실력을 뽐내 봐. 오른쪽 그림은 브뢰겔의 〈야외에서 결혼식 춤〉이야. 농민들의 소박하고 활기찬 결혼식 장면을 그린 작품이지. 역시 잔치에는 춤이 빠질 수 없어. 아마 결혼식을 마치고 축하 파티를 하는 모양이야. 술 한잔 걸치고 추는 사람도 있고, 춤추는 사람들을 구경하는 사람도 있어.

자, 그림을 잘 살펴보면서 너희들이 저 파티에 초대되면 누구와 손을 잡고 놀아 볼지 한번 골라 봐. 마음에 드는 사람이 있으면 지금 당장 뛰어들어 춤을 춰도 좋아.

피터 브뢰겔 〈야외에서 결혼식 춤〉 1566년, 판넬에 유화, 157.5×119.4cm, 미국 디트로이트 미술관

미술관에 놀러 가요

서울시립미술관 http://seoulmoa.seoul.go.kr/ 전화: 02) 102

예술의전당 http://www.sac.or.kr/ 전화: 02) 580-1300

경인미술관 http://www.kyunginart.co.kr/ 전화: 02) 733-4448

덕수궁미술관 http://deoksugung.moca.go.kr/ 전화: 02) 368-1414

성곡미술관 http://www.sungkokmuseum.com/ 전화: 02) 737-7650

호암미술관 http://hoam.samsungfoundation.org/ 전화: 031) 320-1801~2

국립현대미술관 http://www.moca.go.kr/ 전화: 02) 2188-6000

국립중앙박물관 http://www.museum.go.kr/ 전화: 02) 2077-9000

※ 자세한 정보는 미술관의 인터넷 홈페이지와 전화를 통해 문의하시기 바랍니다.